1821

Anonyme

onsidérations sur les gardes du corps

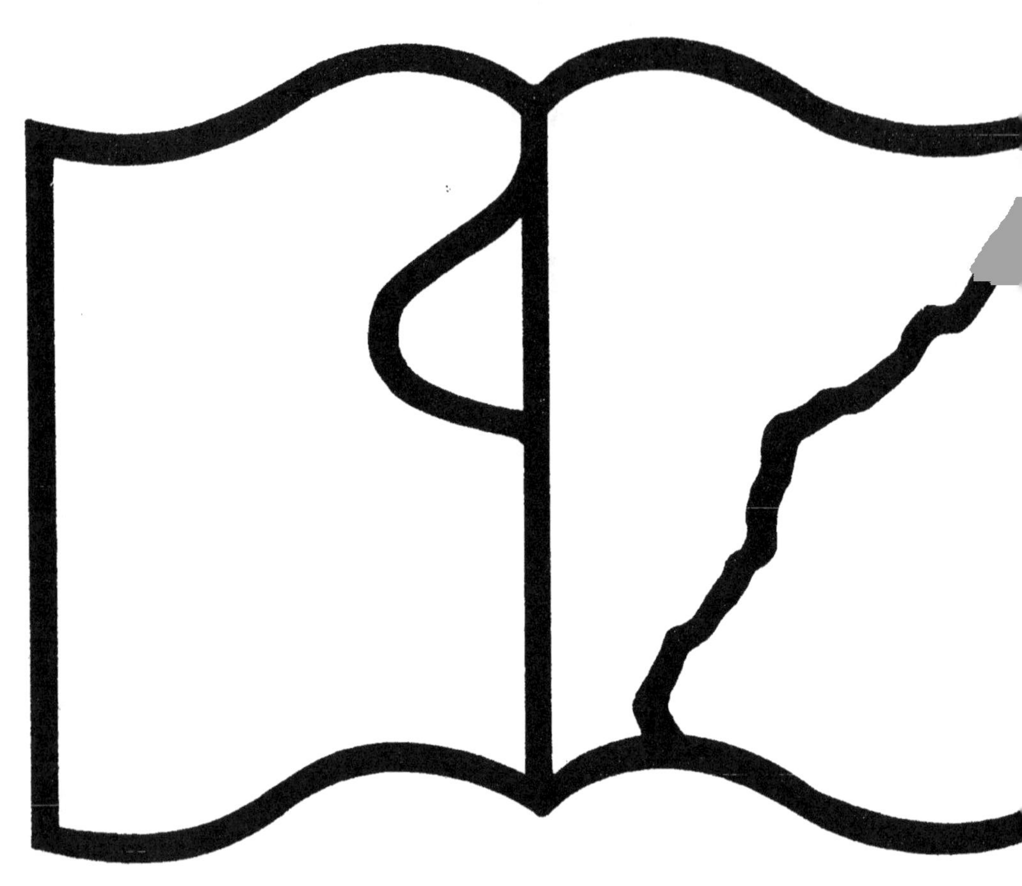

Symbole applicable
pour tout, ou partie
des documents microfilmés

Texte détérioré — reliure défectueuse

NF Z 43-120-11

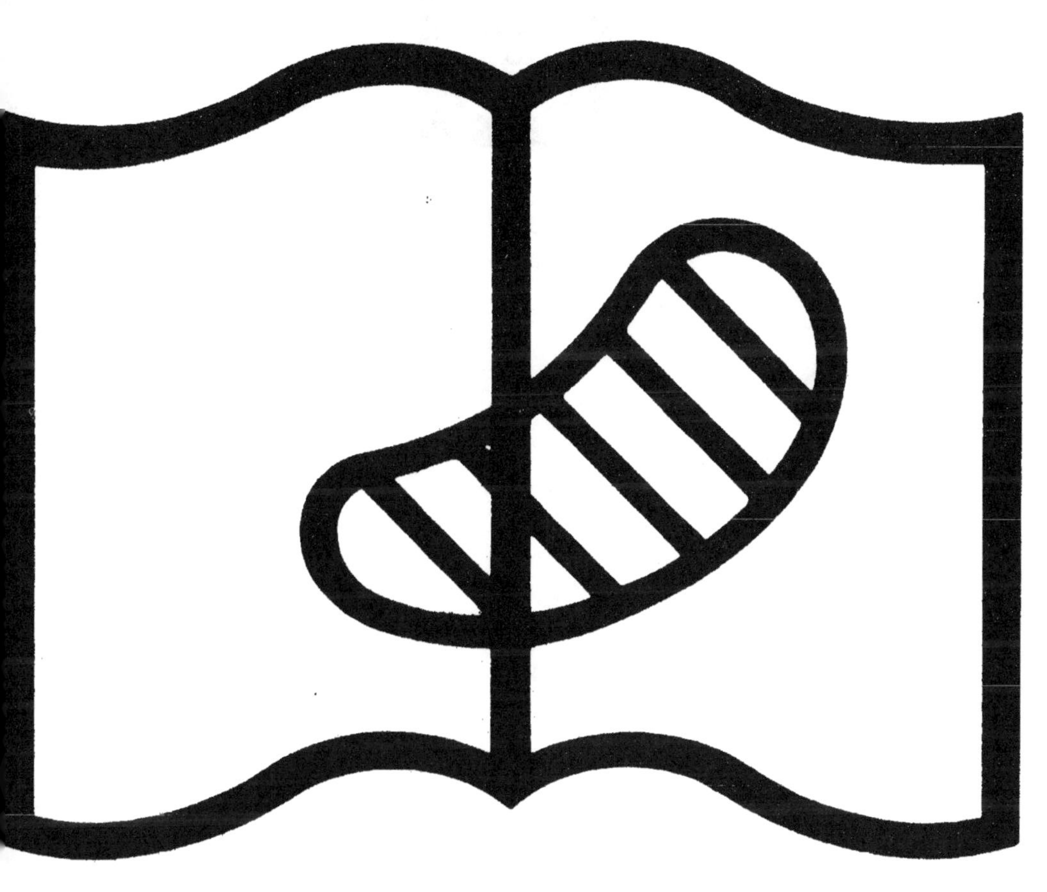

Symbole applicable
pour tout, ou partie
des documents microfilmés

Original illisible

NF Z 43-120-10

CONSIDÉRATIONS

SUR

LES GARDES-DU-CORPS,

ET SUR

LEUR MODE DE RECRUTEMENT.

De l'Imprimerie de DEMONVILLE, rue Christine, n° 2.

CONSIDÉRATIONS

SUR

LES GARDES-DU-CORPS,

ET SUR

LEUR MODE DE RECRUTEMENT.

Je jure de découvrir tout ce que j'apprendrai contre la sûreté du Souverain.

Extrait du serment fait à mon Roi.

PRIX : 2 FRANCS.

A PARIS,

CHEZ DEMONVILLE, Imprimeur, rue Christine, n° 2;
PICHARD, Libraire, quai Conti, n° 5;
LE NORMANT, rue de Seine, n° 8;
DENTU et DELAUNAY, Palais-Royal, galerie de bois.

1821.

TABLE

DES CHAPITRES.

FIN DE LA TABLE.

CONSIDÉRATIONS

SUR

LES GARDES-DU-CORPS,

ET SUR

LEUR MODE DE RECRUTEMENT.

CHAPITRE PREMIER.

De la Maison militaire du Roi.

Tout le monde sait qu'il existe une Maison militaire du Roi; peu de personnes connoissent son organisation. Je crois donc devoir jeter un coup-d'œil rapide sur les corps qui en font partie.

Les gardes-du-corps la forment presqu'à eux seuls; ils sont divisés en quatre compagnies. La première est commandée par le duc d'Havré; la seconde, par le duc de Grammont; la troisième, par le duc de Mouchi; la quatrième, par le duc de

Luxembourg. Elles portent le nom de leur capitaine, sauf la troisième qui a conservé le nom de compagnie Noailles, à cause du duc de Noailles, père de M. de Mouchi, qui la commandoit avant lui. Les capitaines sont lieutenans-généraux, grade attaché à leur place. Tous quatre sont pairs de France.

La composition de l'état-major et de chaçune des quatre compagnies, ainsi que le grade effectif attribué à chacun des emplois, sont réglés ainsi qu'il suit :

NOMBRE représentant le complet.	EMPLOIS DANS LE CORPS.	GRADES DANS L'ARMÉE.
	ÉTAT-MAJOR DU CORPS.	
1	Major des gardes-du-corps. .	Maréchal-de-camp.
2	Lieutenans aides-majors. . .	Colonel.
1	Adjudant de l'hôtel	Chef d'escadron.
Total. 4		
1	Sous-intendant militaire pour les quatre compagnies.	
	COMPAGNIE.	
ÉTAT-MAJOR. 1	Capitaine des gardes.	Lieutenant-général.
1	Lieutenant-commandant. . .	Maréchal-de-camp.
1	Lieutenant-major	Colonel.
1	Sous-lieut. adjudant-major .	Lieutenant-colonel.
1	Porte-étendard.	Chef d'escadron.
1	Adjudant	*Idem.*
1	Brigadier trésorier	Capitaine en second.
1	Brigad. chargé de l'habillem.	*Idem.*
1	Chirurgien-major	
1	Aumônier	
1	Maréchal-vétérinaire.	Maréc.-des-log. en chef. } Assimilation.
1	Trompette-major.	Maréchal-des-logis. . . . } Assimilation.
1	Piqueur	Brigadier. . . . . } Assimilation.
Total. 13		
4	Lieutenans	Colonel.
8	Sous-lieutenans.	Lieutenant-colonel.
2	Maréchaux-des-logis en chef.	Chef d'escadron.
8	Maréchaux-des-logis,	
	4 de 1re classe	*Idem.*
	4 de 2e *idem*	Capitaine commandant.
4	Brigadiers-fourriers	*Idem.*
16	Brigadiers	Capitaine en second.
224	Gardes-du-corps,	
	80 de 1re classe	Lieutenant en premier.
	80 de 2e *idem*	Lieutenant en second.
	64 de 3e *idem*	Sous-lieutenant.
8	Trompettes	
Total. 274		

Force d'une compagnie, 287.

La force totale du corps est donc de 1,153 hommes, dont 896 gardes. Les gardes de la première classe ont 1,200 fr. de solde; ceux de la seconde, 1,100 fr.; et ceux de la troisième, 1,000 fr.

Les compagnies d'Havré et Noailles sont en garnison à Versailles; Grammont et Luxembourg, à Saint-Germain. Deux compagnies sont toujours de service auprès du Roi. D'Havré et Grammont font le service ensemble, et sont relevées, au bout de quatre mois, par Noailles et Luxembourg. Par ce moyen, il n'y a jamais qu'une compagnie à Versailles, et une autre à Saint-Germain.

Les gardes-du-corps font leur service à pied et à cheval. A pied, ils occupent les deux salles formant les extrémités des appartemens du Roi; ils gardent l'intérieur des églises ou des autres lieux publics pendant les cérémonies où assiste Sa Majesté, et ils ont un poste à leur hôtel pour veiller à leur propre sûreté. A cheval, les gardes-du-corps escortent le Roi dans ses promenades. Le capitaine de service est dans la voiture, à côté de Sa Majesté; un lieutenant est à la portière de droite, un sous-lieutenant est à celle de gauche; quatre gardes marchent en avant de la voiture; les autres suivent derrière, ayant un brigadier ou maréchal-des-logis à leur tête. Dans les cérémonies publiques, où les Princes seuls montent dans la voiture du Roi, un capitaine des gardes est à chaque portière. Les gardes-du-corps en grande tenue forment le cortége; un escadron marche en avant de la voiture; les autres la suivent immédiatement.

Les deux compagnies qui sont à Paris alternent pour leur service : l'une le fait un jour, et le lendemain l'autre la relève. Les compagnies étant divisées en deux escadrons, l'un est de garde au château, l'autre fournit le service à cheval, et un supplément pour garder la chapelle pendant la messe. Par ce moyen, les gardes-du-corps sont de garde au château tous les quatre jours, et ils ont quelques services à faire tous les deux. Des palfreniers, attachés aux compagnies, pansent les chevaux : chacun en soigne quatre.

Le corps, connu dans la Maison du Roi sous le nom de *cent-suisses*, et que le 10 août a rendu à jamais célèbre, a éprouvé, depuis quelques années, une organisation nouvelle (1), et a reçu le nom de *gardes à pied ordinaires du corps du Roi*. Il se compose mi-partie de Français et de Suisses. L'admission à cette compagnie a lieu, pour la ligne française, en faveur des grenadiers français; et pour la ligne suisse, en faveur des grenadiers suisses susceptibles d'être promus au grade de sergent qui leur est conféré par cette admission.

Les gardes à pied ordinaires du corps du Roi sont au nombre de 300, le duc de Mortemar est

---

(1) Ordonnance du 2 août 1818, art. 65.

leur capitaine; ils font le service dans l'intérieur du palais; ils occupent la salle qui précède la chapelle, les autres postes sont dans les vestibules; ils gardent le bas et le haut des escaliers intérieurs, et ils ont un factionnaire placé à chaque porte d'entrée des appartemens du Roi.

Voilà quels sont les foibles restes de cette antique Maison du Roi, qui fixa si souvent la victoire sous les drapeaux de France, et fut pendant long-temps l'effroi et l'admiration de l'Europe (1).

---

(1) Les gardes-du-corps de *Monsieur* ne font point partie de la Maison du Roi; ils font le service auprès des Princes, à pied et à cheval; ils n'ont point de garnison, et restent toujours à Paris. Ils étoient autrefois divisés en deux compagnies; on les a réunis en une seule, forte de deux cents gardes, dont le duc d'Escars est capitaine. L'organisation est la même que celle des gardes-du-corps du Roi, sauf quelques légères différences dans les grades. Portant le même nom, étant animés des mêmes sentimens de fidélité, les gardes de *Monsieur* et ceux du Roi ne se considèrent, pour ainsi dire, que comme un seul et même corps. Leur mode de recrutement est le même : ainsi tout ce que je vais dire leur est commun, et s'applique aux uns comme aux autres.

CHAPITRE II.

De l'utilité des Gardes-du-Corps.

Pour prouver l'inutilité des gardes-du-corps, j'ai souvent entendu faire ce raisonnement : la garde royale est dévouée au Roi, ou elle ne l'est pas; si elle est fidèle, le Roi n'a pas besoin de vous ; si elle est mauvaise, vous n'êtes point assez nombreux pour vous opposer à ses entreprises. Conclure de ce qu'un Souverain a à son service 20 mille hommes qui lui sont dévoués, qu'il doit en renvoyer mille qui le sont aussi, est un raisonnement excessivement faux ; et, dans l'hypothèse opposée, il seroit assez plaisant de voir quelqu'un s'efforcer de prouver qu'on doit renvoyer mille hommes dévoués parce que les autres ne le sont pas. Si vous avez vingt serviteurs infidèles, les garderez-vous pour chasser le seul qui vous soit attaché ? Mais heureusement, tout ceci n'est qu'une supposition, la garde est dévouée à son Souverain, les gardes le sont aussi, et tous sont utiles.

La garde fait le service extérieur du palais, les gardes-du-corps font le service intérieur, ils veillent toujours auprès du Roi : dans les courses ils l'escortent, dans les cérémonies publiques il est toujours au milieu d'eux ; et quelle que soit la confiance que méritent les militaires de la garde, on doit en avoir beaucoup plus dans un corps d'officiers choisis dans toute la France, que dans un nombre si considérable de soldats qui sont recrutés au hasard, qui, en corps, défendroient le Roi aussi bien que nous ; mais dont individuellement les chefs ne peuvent pas toujours connoître la moralité.

Pour faire le service des gardes-du-corps, il faut savoir lire ; car, pour aller chez le Roi, pour entrer à la chapelle, pour assister aux fêtes de la Cour, à toutes les cérémonies, il faut avoir des billets. Ce sont les gardes qui les reçoivent et qui doivent en prendre lecture pour ne pas être trompés. Lorsqu'on les met en faction, on leur donne une consigne écrite ; s'ils ne savoient point lire, ils compromettroient la sûreté du Roi. Tous les soldats n'ont point ce talent, donc il seroit impossible à la garde royale de faire le service des gardes-du-corps.

Il est digne d'ailleurs de la grandeur et de la majesté royale, d'avoir à son service un corps d'officiers. Qu'y a-t-il de plus imposant, de plus beau, que de voir dans les cortéges le Souverain entouré de sa Maison militaire? Cependant, si l'on ne considéroit les gardes que comme un corps de parade destiné à augmenter la pompe des cérémonies, on tomberoit dans une grave erreur; non-seulement ils servent à orner le trône et à rehausser son éclat; mais encore à veiller à tous les instans à la sûreté du Monarque. Environ 80 (1), comme je l'ai déjà dit, sont de service au palais; et, occupant les deux extrémités des appartemens, personne ne peut entrer chez le Roi, sans être soumis à leur surveillance.

Du côté de l'utilité des gardes, comme militaires, je connois mieux que tout autre la difficulté qu'il y auroit à les faire entrer en campagne. Maintenant, à l'armée, on n'a ni vivres, ni magasins, le soldat vit de ce qu'il trouve, et souvent est forcé de disputer un morceau de pain; mais par un bel acte de dévouement, les gardes feroient ce qu'ils ont déjà fait dans une occasion difficile; ils renverroient tout cet attirail de domestiques indisciplinés qui leur seroient plutôt nuisibles qu'utiles; et supportant tout par amour pour leur Roi, ils deviendroient, pour ainsi dire, soldats pendant la campagne. Une fois parvenus sur le champ de bataille en face de l'ennemi, ils se montreroient dignes du nom qu'ils portent, et soutiendroient la ré-

---

(1) Plus, 50 gardes d'Artois pour le service des Princes.

putation que ce corps s'est acquise pendant les beaux jours de notre monarchie.

Cependant, les faits héroïques du siècle de Louis XIV, ne sont plus réservés à la Maison du Roi; un nouveau Fontenoi ne se représentera plus : trop peu nombreux, les gardes ne pourront plus avoir la gloire de fixer à eux seuls la victoire. Dans notre système actuel de guerre, où l'on oppose des masses à des masses, où l'artillerie renverse des bataillons entiers sans défense, où les charges de cavalerie ne sont le plus souvent que des chocs de chevaux; que peuvent faire mille hommes dans une armée? Mais j'ose dire, et nul, quelle que soit son opinion dans son cœur, ne me démentira, s'il faut occuper un poste périlleux, ou s'il se présente un de ces momens trop fréquens dans une armée, où la vue d'un péril inévitable intimide et fait hésiter le soldat, faites marcher les gardes : soit qu'il faille braver le feu meurtrier, ou se lancer au milieu d'une troupe qui, de tout côté présentera la mort, ils n'hésiteront pas, ils s'y précipiteront avec fureur, et le Roi pourra dire d'eux ce que disoit Louis XIV : « J'enverrai des troupes qui ne reculeront pas. »

Dans les troubles civils, les gardes-du-corps peuvent être de la plus grande utilité; et les personnes qui, de bonne foi, considéreront par quels foibles moyens ont été exécutés la plupart des attentats de la révolution, combien peu de force il auroit fallu pour contenir et empêcher d'agir une multitude incertaine, mise en avant par quelques factieux et enhardie par la foiblesse qu'on lui opposoit, demeureront convaincues que si l'infortuné Louis XVI eût eu la fermeté de s'opposer au licenciement de ses gardes, ce corps eût servi de point de ralliement à tous les bons Français; bien dirigé, il eût donné le branle à tout le reste, le crime eût été arrêté dans sa marche, et nous ne verserions pas des pleurs sur des forfaits qui font à jamais notre honte.

A l'époque où un esprit d'insurrection, qui entraînera les peuples à leur perte, et leur fera peut-être commettre les mêmes crimes, se manifeste en Europe; où nous voyons chez nos voisins une poignée de soldats révoltés commander aux Souverains et ébranler leurs trônes, les Rois ne sauroient prendre trop de précautions pour veiller à la conservation des troupes qui leur sont dévouées, et pour maintenir le bon esprit qui les anime. S'ils en ont sur lesquelles ils puissent absolument compter, qu'ils ne les dédaignent pas à cause de leur petit nombre. En France, les gardes-du-corps sont peu nombreux, ils ne pourroient résister à une force majeure; mais ils arrêteroient les premiers symptômes alarmans qui se manifesteroient; et de là dépend souvent le salut d'un Etat. Si le roi de Naples avoit eu une compagnie de gardes à opposer aux 150 factieux qui, les premiers à Nola, arborèrent l'étendard de la révolte, ces belles contrées, victimes du délire de quelques factieux, ne verroient point des drapeaux étrangers flotter dans leur sein.

Si les éternels ennemis de notre repos, qui ne rêvent que bouleversement et révolution, qui l'an passé ont fait une vaine tentative pour renverser le trône, cherchoient à la renouveler; s'ils venoient à bout de séduire et d'égarer une multitude ignorante, et de la conduire contre le palais de nos Rois; que l'on fasse marcher les gardes, ils serviront d'exemple au reste des troupes, et rien ne pourra les détourner de la ligne de leur devoir.

On peut, par des motifs de localité, par les mots de patrie, de liberté et de peuple, faire hésiter un soldat, qui se laisse séduire par ces fallacieuses paroles; mais nous, nous connoissons la valeur des termes. Nous aimons la patrie et la liberté, plus que ceux qui prononcent ces grands mots avec emphase; mais pour nous la patrie sans le Roi, est un corps sans ame; pour nous, la liberté n'existe que dans les institutions que le Monarque nous a données, et quant au mot banal de peuple, jamais une multitude révoltée à nos yeux n'a mérité ce nom.

En un mot, nous n'obéissons qu'au Roi, nous ne reconnoissons que ses ordres; et là où il nous ordonnera de marcher, nous marcherons.

Depuis long-temps, nous sommes habitués à mépriser la haine des factieux, nous la mépriserons toujours. C'est même cette haine, qui nous honore et que nous avons eu la gloire d'acquérir, qui, mieux que tous mes discours, prouve l'utilité des gardes; ils savent, les vils scélérats qui trament des conspirations et qui aiguisent leurs poignards dans l'ombre, qu'il n'est pas facile d'atteindre celui que l'on veut frapper, lorsque, avant d'arriver jusqu'à lui, il faut marcher sur les corps sanglans de mille hommes dévoués.

CHAPITRE III.

Dans quelles classes de la société doivent être pris les Gardes-du-Corps.

La splendeur du trône, la dignité royale, la sûreté de Sa Majesté, exigent donc qu'il y ait des gardes-du-corps; mais il ne suffit pas que les compagnies portent ce titre, il faut que les hommes qui les composent soient dignes de ce nom, qu'ils soient gardes-du-corps, non par l'habit, non par les épaulettes, mais par le cœur: il faut que, se pénétrant bien des devoirs que leur impose leur place, ils soutiennent la gloire du corps en imitant la conduite de ceux qui l'ont déjà illustré; que sacrifiant pour le Roi et la légitimité jusqu'à la dernière goutte de leur sang, ils soient toujours prêts à exposer leur vie pour défendre celle du Souverain; que jamais aucune crainte, aucune séduction, aucun espoir de fortune ou d'avancement ne puissent les égarer et leur faire trahir leur devoir.

C'est dans les classes de la société qui, par leurs places, leur fortune, leurs établissemens de commerce, occupent un rang marquant dans l'Etat, et sont intéressées au maintien du trône et de la tranquillité, que l'on trouvera des jeunes gens qui, par leur éducation, par les principes qu'ils auront reçus de leurs parens, seront des serviteurs dévoués; et qui, retenus encore par la crainte de compromettre leur fortune et la considération dont jouissent leurs familles, seront à l'abri de toute séduction.

C'est une grande erreur que de croire que, parmi des hommes qui ne tiennent aucun rang dans la société, qui n'ont reçu aucune éducation, qui n'ont point d'égards à garder envers leur famille, qui, en un mot, n'ont que leur fortune et leur avancement à faire, on trouvera cette fidélité, cet oubli de soi-même, ce dévouement sans bornes, qui doivent être le partage d'un garde-du-corps. Je suis loin de vouloir insulter cette classe; mais, par de vains mots, ne faisons pas les hommes meilleurs qu'ils ne sont; partout il y a des gens d'honneur, la vertu est de toutes les conditions; mais c'est dans celle-là que l'on trouve le plus de mauvais sujets, parce que les passions criminelles y sont retenues par des liens moins forts. Quand il s'agit d'une garde destinée à entourer le chef de l'Etat, du salut duquel dépend le repos et la tranquillité de 28 millions d'habitans, et peut-être de l'Europe entière, il n'y a point à hésiter; on ne sauroit prendre trop de précautions pour la bien composer, et pour ne choisir que parmi les sujets qui offrent le plus de garanties.

La garde d'un Souverain, formée d'après le principe que je viens d'émettre, a encore un grand avantage, c'est d'attacher au Roi, d'une manière irrévocable, les parens de ceux qui en font partie; et malgré qu'il doive désirer d'être aimé de tous ses sujets, il doit préférer au dévouement d'un citoyen obscur, celui d'une famille puissante qui a de l'influence dans sa contrée.

La Maison militaire a été toujours un moyen assuré dont se sont servis les rois de France, pour captiver l'attachement des classes de la société qui pouvoient leur être les plus utiles; et celles-ci ont considéré leur existence comme étant presque liée à celle du Souverain, et dans tous les temps ont partagé sa destinée. En considérant l'époque de l'interrègne, qui est plus près de nous, on pourra se convaincre de la vérité de ce que j'avance, on verra que dans toute la France, ceux qui avoient des fils, ou même des parens dans la Maison du Roi, ont été des sujets fidèles et ont donné au Monarque les plus grandes marques de zèle et de dévouement. On peut donc émettre en principe général, que non-seulement pour la formation d'un corps, mais même pour celle de tous ceux qui doivent composer la garde du Monarque, les familles marquantes dans l'Etat donneront au Roi des serviteurs dévoués; que les fils à leur tour resserreront les liens qui attachoient déjà leurs parens au Souverain, et les rendront à jamais indestructibles.

CHAPITRE IV.

De quelle manière on recrute les Gardes.

C'ÉTOIT d'après les principes que j'ai émis dans le chapitre précédent qu'avoit été établi l'ancien recrutement des gardes: il consistoit à prendre des jeunes gens ayant de l'éducation, à qui leurs parens assuroient 600 fr. de pension. A l'âge de seize ans, ils étoient reçus surnuméraires avec le grade de sous-lieutenant, s'entretenoient deux ans à leurs frais, et puis passoient gardes-du-corps. C'est de cette manière que le corps s'est soutenu pendant six ans, et qu'il a donné l'exemple d'une fidélité à toute épreuve; cependant, cette manière de recruter n'étoit pas sans inconvéniens, elle donnoit l'épaulette à des enfans qui la compromettoient souvent par leur légèreté et leurs inconséquences, et qui, n'ayant rien fait pour la mériter, ne sentoient pas toute l'étendue de la faveur qu'on leur avoit accordée. Le grade d'officier français est trop honorable, il donne une distinction trop flatteuse à un sujet, pour qu'on aille le prodiguer à un tout jeune homme qui n'a d'autre mérite que de sortir de son collége; mais en portant remède à cet abus, on auroit pu conserver les principes qui avoient donné au Roi tant de fidèles serviteurs.

La loi sur le recrutement ayant été portée, et nul ne pouvant être officier sans sortir d'une école militaire ou sans avoir été sous-officier, les surnuméraires à l'avenir ne se trouvoient plus en harmonie avec la loi. Une ordonnance du 30 décembre 1818 règla la nouvelle manière de recruter le corps; maintenant les personnes qui peuvent entrer dans les gardes, sont: 1° les lieutenans et sous-lieutenans de l'armée; 2° les officiers qui permutent à grade égal; 3° les jeunes gens qui sortent des écoles militaires; 4° les sous-officiers de l'armée.

Le premier moyen a fourni très-peu de gardes; les officiers qui veulent entrer dans le corps, préfèrent permuter, ce qui leur offre beaucoup plus d'avantages. Ces permutations consistent, entre officiers, à grade égal, et de consentement mutuel, avec l'autorisation du ministre de la guerre et du capitaine des gardes. Le sous-lieutenant change avec le garde de troisième classe, le lieutenant avec celui de deuxième ou de première, le capitaine avec le brigadier, et ainsi de suite pour tous les grades. L'officier de l'armée vient occuper dans les gardes l'emploi qu'avoit celui avec lequel il change, et l'autre va prendre sa place dans le régiment d'où il sort. Ce n'est pas une manière de recruter le corps, puisqu'on perd un garde quand on en reçoit un nouveau.

Ces permutations ont beaucoup d'inconvéniens et produisent de grands abus; cependant, je ne veux pas les faire connoître, parce que je pense qu'ils sont moindres que les avantages qu'ils procurent au corps. C'est presque le seul moyen qu'aient les gardes pour passer dans l'armée, il ne faut pas le leur ôter; c'est aux chefs des compagnies à prendre des renseignemens exacts sur les officiers qui se présentent, afin de s'assurer que ce ne sont pas de mauvais sujets, et que ce n'est point leur mauvaise conduite qui les force à quitter leur corps pour entrer dans le nôtre.

Le troisième moyen d'entrer dans les gardes en sortant d'une école militaire, est avantageux; il tend à fournir des officiers distingués par leur famille et leur éducation, et tels que doivent être ceux qui sont appelés auprès du Souverain. Malheureusement ce moyen, qui est bon en lui-même, n'est qu'illusoire. Loin d'inspirer à ces jeunes gens le désir d'entrer dans la Maison du Roi, de leur montrer l'avantage et l'honneur qu'il y a de servir dans le corps le plus distingué de France, dans celui qui environne Sa Majesté et qui est toujours sous ses yeux, voici comme on leur apprend à le révérer : « Si tu ne travailles » pas, si tu n'es bon à rien, dit-on au jeune » élève de Saint-Cyr, nous t'enverrons dans les » gardes. » Et ainsi, ce qui devroit être regardé comme une récompense, leur est présenté comme une punition. Je m'attends à ce que les chefs élèveront leur voix pour me dire que ce que j'avance n'est pas, que jamais ce propos n'a été tenu aux élèves. Comment se fait-il donc que ce soit l'opinion générale qui règne parmi eux? Comment se fait-il qu'ils s'imaginent qu'il y a pour ainsi dire de la honte à entrer dans notre corps? Ils sont enfermés dans leur école, ils n'ont aucune communication avec des étrangers : qui donc leur a inspiré ces sentimens, si ce ne sont leurs chefs?

Je connois des élèves qui sont allés à Saint-Cyr pour venir ensuite dans la Maison du Roi, et malgré les désirs de leurs parens, après leur temps d'école, ils n'ont plus voulu y entrer; j'en connois d'autres qui, ayant toujours ce désir, n'osent en faire part à leurs camarades et rougissent de l'avouer. Et pour fournir enfin une preuve irrécusable, il faut que le dégoût qu'on leur inspire soit bien grand, puisque, sur soixante et dix qui sont passés officiers cette année, deux seulement sont entrés dans les gardes.

Les officiers de l'armée, comme je l'ai déjà dit, ne fournissent presque point de sujets, les écoles militaires encore moins; presque toutes les places vacantes sont donc remplies par des sous-officiers. Examinons ce quatrième mode de recrutement, ou, pour mieux dire, le seul qui existe.

CHAPITRE V.

Du mode de Recrutement par Sous-officiers.

Je vais parler sur un sujet qui est bien difficile à traiter, qui est bien épineux. Je vais montrer les inconvéniens d'un mode de recrutement qui a déjà été mis en vigueur, et qui a conduit beaucoup de gardes dans nos compagnies. Je l'avouerai avec franchise, la crainte de m'attirer leur haine, d'être en butte à leur aversion, d'éprouver toutes sortes d'ennuis et d'inconvéniens, m'ont long-temps fait hésiter; mais, quand j'ai songé que l'intérêt et l'honneur du corps me faisoient un devoir de parler, que même la sûreté de mon Roi l'exigeoit, devant ces motifs puissans, toutes les autres considérations se sont évanouies.

Je prie ces Messieurs, qui ont été sous-officiers, de croire que je ne veux en rien blesser leur amour-propre, que je les considère tout autant que les autres gardes; que je me fais honneur d'être lié avec plusieurs d'entr'eux, et que dans toutes les occasions, ils trouveront en moi un bon camarade.

Je n'attaque pas les personnes, mais bien une institution vicieuse qui finira par perdre et avilir la Maison du Roi. Tous les officiers qui la composent, n'importe comment ils aient obtenu ce titre, doivent être bien convaincus que leur cause est commune. Nous portons tous le même nom, nous sommes tous également intéressés à ce que le corps se maintienne avec éclat et acquière de la considération.

Quelques personnes qui, de bonne foi, s'intéressoient à l'honneur du corps, trouvoient la nouvelle ordonnance favorable; et l'article 5 conçu en ces termes : « Les gardes-du-corps se-» ront choisis parmi les élèves des écoles mili-» taires et les sous-officiers de l'armée, » loin de leur paroître funeste, leur paroissoit avantageux. Ils avoient sous les yeux les inconvéniens de l'ancien mode de recrutement, et ceux du nouveau leur étoient inconnus.

« Quoi, disoient-ils à ceux qui ne partageoient » pas leur avis, pourriez-vous trouver une meil-» leure manière de composer notre corps? Sur » soixante et dix ou quatre-vingt places, vaquant » tous les ans dans toutes les compagnies, envi-» ron la moitié sera fournie par les élèves de » l'école militaire, par des jeunes gens ayant » reçu une bonne éducation, ayant de la for-» tune. Les autres places seront données aux » sous-officiers; il en faudra si peu, qu'il sera

» facile de faire de bons choix sur un si grand » nombre. Ce sera alors que ceux qui com- » poseront notre corps, se feront distinguer par » leur conduite et par leur instruction militaire; » et ils seront préférables à tous ces enfans de » surnuméraires, qui, quelquefois par leurs in- » conséquences, nous font rougir d'être leurs » camarades. »

Mais quand on a mis l'ordonnance à exécution, alors ils ont vu évidemment les inconvéniens qui alloient arriver, et tous généralement ont changé d'opinion. L'école de Saint-Cyr, au lieu de nous fournir une jeunesse sur laquelle nous fondions nos espérances, ne nous a presque rien fourni, et tout fait présumer qu'à l'avenir ceux qui nous seront envoyés seront le rebut de l'école.

Quant aux sous-officiers, depuis six mois seulement, on a commencé à en recevoir (1); et par la difficulté qu'ont eu les chefs à obtenir des renseignemens positifs et véridiques sur les sujets qui se sont présentés, puisqu'ils ont été trompés, et que déjà quelques-uns de ceux qui

---

(1) Lorsque les chefs surent que l'ordonnance alloit être portée, par une sage prévoyance, ils se hâtèrent de recevoir beaucoup de surnuméraires, qui ont tenu le corps au complet jusqu'au mois de juillet 1820, époque à laquelle on a reçu des sous-officiers.

avoient été reçus, ont été renvoyés par leur inconduite, malgré qu'ils eussent été choisis sur un nombre considérable de candidats, ils doivent juger de ce qui leur arrivera, lorsque les démissions, devenant plus nombreuses, ils seront forcés de prendre au hasard et presque sans choix, tous ceux qui se présenteront.

On doit être bien convaincu d'une chose, c'est que la plupart des colonels feront tous leurs efforts pour garder dans les régimens les bons sujets, et pour se défaire des mauvais. Je sais qu'il n'est point en leur pouvoir d'empêcher un sous-officier de quitter leur régiment lorsqu'il est nommé dans les gardes; mais qui ignore les moyens qu'ils ont pour le dissuader de faire des démarches. Celui qu'ils tiendront à garder, ils le séduiront par l'espoir des récompenses et de l'avancement; au contraire, celui qui leur déplaira, sera accablé de dégoûts et de désagrémens. Ils tâcheront de se débarrasser de lui; et, au besoin, ils lui fourniront de bons certificats de conduite. On me dira peut-être que j'exagère, et qu'il est mal à moi d'inculper ainsi des supérieurs. Malheureusement ce que je dis n'est que trop vrai, et les preuves ne me manqueroient point pour le prouver. Je connois un colonel qui a refusé, à un sous-officier, des certificats de bonne conduite, en lui déclarant qu'il n'avoit qu'à se louer de lui; mais qu'il vouloit le conserver dans son régiment. Si ce jeune homme, qui maintenant est dans le corps, n'avoit pas eu des personnes pour le protéger et pour répondre de sa moralité, jamais il n'auroit pu être admis. Combien y en a-t-il qui sont dans le même cas? Combien d'autres ont des certificats qu'ils ne méritent point?

Voici un fait que je rapporte à regret, qui surprendra, mais que je garantis vrai. Un colonel avoit un sous-officier qui lui déplaisoit et dont il vouloit se défaire, il lui facilita les moyens d'entrer dans les gardes; mais les démarches ne réussirent pas. « Quand passes-tu dans les gardes, » lui demanda son chef? Mon colonel, dit le » sous-officier, ils ne veulent pas m'admettre. » Hé bien! mâtin, lui répondit-il, s'ils ne veulent » pas te recevoir comme homme, entres-y » comme cheval. »

Que Messieurs les capitaines des gardes apprennent par ces faits quelle est la tendre sollicitude que les chefs de l'armée portent à leurs compagnies, et quels seront les hommes qu'on leur enverra pour les composer.

Ma foi, ai-je ouï dire souvent, les colonels ont raison, ils ont leurs bons sujets, ils les gardent; ils se défont des mauvais, c'est tout naturel; tout chef de corps en ferait autant : et moi, je dis, que tout chef de corps qui en fera autant sera coupable, et trahira évidemment son

Souverain. Un homme sans moralité, sans dévouement pour son Roi ne devroit pas rester à son service; mais si on l'y souffre, il pourra être peu dangereux dans un régiment où il est connu, et surveillé par des chefs attentifs. Il pourra devenir très-dangereux dans un corps où il sera inconnu; dans un corps, surtout, qui est toujours auprès de Sa Majesté, et qui veille directement à la sûreté de sa personne.

Que l'homme est bizarre, inconséquent avec lui-même, qu'il réfléchit peu sur la plupart de ses actions! Certainement nul colonel de l'armée, je veux bien le croire, n'est capable de trahir ouvertement son Roi, et cependant lorsqu'ils donnent des certificats de conduite à celui qui n'en mérite pas, ils abusent de sa confiance: ilsfont donner des épaulettes à des hommes qui ne les méritent point, qui n'en sont point dignes; et s'ils ont une mauvaise conduite, s'ils entrent dans des complots criminels, s'ils trahissent leur Roi, le colonel devra être regardé comme l'auteur et le complice indirect de la trahison. Les officiers de l'armée s'imagineroient-ils que Sa Majesté, en créant des gardes-du-corps, ait voulu former des compagnies de discipline?

Cette manière de recruter en prenant tant de sous-officiers, loin d'être avantageuse aux régimens, leur est funeste; qu'on le demande aux chefs de la garde où le mal s'est plus fait sentir (1). Cela a jeté parmi les sous-officiers une insouciance, un dégoût inconcevable pour leur état : ils ont vu quelques-uns de leurs camarades passer dans les gardes, tous ont cru qu'ils pourroient en faire autant. Dès-lors tous les liens qui les attachoient à leur régiment ont été rompus; maintenant ils n'ont plus le même zèle pour leur service, le même amour pour leur métier; du moment qu'ils ont fait une demande, ils ne se considèrent plus dans leur corps que comme y étant provisoirement, et ils ne soupirent qu'après le moment où il leur sera permis de le quitter (2). La discipline a dû nécessairement se relâcher, ils n'ont plus le même respect pour leur chef, chaque fois qu'on les punit : « Encore » un peu de patience, disent-ils en eux-mêmes, » bientôt je passerai dans les gardes; alors je » serai officier, cet homme ne sera plus mon » supérieur, et nous nous reverrons d'égal à » égal. » Ce n'est point une vaine supposition

(1) Les colonels d'artillerie ont tellement senti les inconvéniens d'un mode de recrutement qui les privoit de leurs sous-officiers, qu'ils ont obtenu, vu la difficulté qu'ils ont à les former, qu'à l'avenir ils ne pourroient plus entrer dans les gardes.

(2) Presque tous les sous-officiers qui sont entrés dans les gardes-du-corps, sont sortis de la garde, et malgré cela, il existe encore 175 demandes.

que je fais, ceci est déjà arrivé. C'est en cherchant à attacher les militaires à leur corps, et non en leur inspirant le désir continuel de le quitter, que l'on forme de bons soldats. Ce mode de recrutement est donc aussi funeste pour l'armée, qu'il est nuisible et désavantageux pour les gardes-du-corps; mais poursuivons, je n'ai pas encore signalé tous les inconvéniens.

CHAPITRE VI.

Vices du Recrutement par Sous-officiers sous le rapport du service que font les Gardes.

QUAND on voit la manière dont on recrute les gardes, on peut penser que quelques personnes ont cru que ce corps devoit être destiné à servir de récompense aux vieux sous-officiers de l'armée, et à leur fournir une retraite honorable : cette idée est excessivement fausse : 1° par le service que font les gardes; 2° par leur genre de vie; 3° par les dépenses qu'ils sont obligés de faire : les compagnies doivent être composées de jeunes gens ayant reçu de l'éducation et possédant de la fortune, et non de vieux soldats.

Le service est le plus actif et le plus fatigant de l'armée. On est de garde tous les quatre jours, et les courses avec le Roi ou les Princes sont très-pénibles : souvent pour aller ou revenir des rendez-vous on est obligé de faire dix à douze lieues. Ces exercices, dira-t-on, ne sont rien pour un homme habitué à faire la guerre ; peut-être on pourroit avoir tort : car courir après une voiture, revenir tout couvert de poussière et de sueur, cela plaît à un jeune homme, cela séduit je ne sais pourquoi, son imagination bouillante : c'est fait pour ennuyer et fatiguer un vieux soldat, lors même qu'il a servi toute sa vie dans la cavalerie ; mais s'il sort de l'infanterie, j'ose assurer que cela lui est impossible : cependant on en prend un grand nombre dans cette arme. Comment veut-on que des militaires, dont les habitudes sont prises, qui jamais de leur vie ne sont montés sur un cheval, qui souvent sont couverts de blessures, supportent ces exercices fatigans ?

Il est absurde de prendre tant de soins pour enseigner l'équitation à des gens qui ne sont plus dans l'âge de la pratiquer. Je l'avoue, j'ai souri quelquefois en voyant ces militaires, qui se croyoient inaccessibles à la crainte, tout étonnés de se trouver tremblans et incertains sur un cheval; et par le plus grand des ridicules, on se donne beaucoup de peine pour faire de mauvais cavaliers avec des gens qui étoient déjà d'excellens fantassins.

La garde intérieure des appartemens convient encore moins à de vieux soldats. Les gardes-du-corps, par leur service, se trouvent avoir des rapports avec tout ce qu'il y a de plus distingué à la Cour. Ils sont forcés de faire exécuter des consignes désagréables et de refuser souvent l'entrée à des dames et à des personnes d'un rang éminent : il ne suffit point d'un simple refus ; il faut y mettre des égards et de la politesse que l'on doit nécessairement trouver dans des jeunes gens qui ont reçu une éducation soignée, et non dans des soldats dont la jeunesse s'est passée dans les casernes et dans les camps.

Les anciens gardes-du-corps étoient renommés par leur honnêteté : je ne sais si c'est prévention, mais je crois que ceux d'aujourd'hui le sont également. Je pense que dans aucun temps on n'a mieux allié ce que l'on doit à son devoir, avec les égards qu'exige la politesse. Dans les cérémonies religieuses, dans les fêtes de la Cour où les dames accourent en foule, ont-elles jamais eu à se plaindre des gardes ? n'ont-ils pas eu envers elles tous les soins, toutes les complaisances possibles ? Il existe un moyen de satisfaire même en refusant ; et l'on a dû s'apercevoir, lorsque les gardes étoient forcés, par la rigueur de leur service, de donner des refus, combien ils étoient fâchés de ne pouvoir suivre le penchant de leur cœur qui les porteroit à obliger. Pense-t-on que l'on obtiendra ces égards d'un soldat qui, pour toute politesse, dira sèchement : « On n'entre pas. »

Lorsque les sujets arrivent dans le palais de leur Roi, ils veulent qu'on ménage leur amour-propre. C'est là plus qu'ailleurs qu'on est blessé d'une malhonnêteté. Les sujets en approchant du trône ont le sentiment du peu qu'ils sont. Un refus impoli, auquel ailleurs ils n'auroient point fait attention, leur paroît être ici une insulte personnelle : ils croient qu'on les méprise parce qu'ils ne sont point revêtus de dignités éminentes ; et par un sentiment qui est vrai, sans pourtant être juste, au lieu d'accuser les inférieurs, ils s'en prennent au Roi lui-même, et les impolitesses qu'ils reçoivent ils les considèrent, pour ainsi dire, comme émanées du trône.

Lorsque les étrangers arrivent dans la capitale, ils se rendent aux Tuileries, ils parlent aux gardes, ils les interrogent sur les usages, sur les cérémonies qui leur sont inconnues, ils demandent des explications sur tout ce qui leur cause de la surprise. Lorsqu'à la place des renseignemens qu'on peut leur donner, ils n'entendront que le jargon d'un soldat, quelles seront leurs idées ? ils savent que les officiers français sont renommés par leur politesse ; peut-être ce sont les premiers qu'ils voient, les seuls avec lesquels ils auront des rapports : il est possible qu'ils pensent que tous les autres leur ressemblent. Voyageant dans des pays étrangers, c'est bien souvent sur des fondemens si légers qu'on juge une nation entière.

Tous les inconvéniens que je viens de signaler auront nécessairement lieu, si l'on continue le système de recrutement actuel. On peut donc en conclure : que des gens qui n'ont point reçu d'éducation, ne sont point propres à faire le service des gardes-du-corps, ne peuvent point servir d'ornement au trône, et ne doivent pas être les premiers officiers que l'on rencontre en arrivant à la Cour de France, depuis si longtemps renommée pour être la plus polie de l'univers.

CHAPITRE VII.

Vices du Recrutement par Sous-officiers, sous le rapport du genre de vie des Gardes.

Les gardes-du-corps sont tous des jeunes gens; peu sont âgés de plus de 30 ans, il y en a plus au-dessous de cet âge qu'au-dessus: tous appartiennent à des familles respectées dans la société. Qu'on ne s'imagine point pourtant que la noblesse seule occupe ces places : les fils du noble, du magistrat, du bourgeois, du commerçant, en font également partie, et y jouissent tous de la même considération et des mêmes égards. Ceux qui n'ont pour toute noblesse que leur éducation et leur honneur, n'ont jamais eu à souffrir de l'orgueil ou du dédain de ceux qui, à ces avantages, réunissent une naissance illustre; et ceux-ci, à leur tour, n'ont jamais été insultés par ces déclamations contre la noblesse, qui, trop communes aujourd'hui, commencent à être plus ridicules qu'outrageantes.

Jeunes, aimant le plaisir, comme c'est naturel à cet âge, les gardes sont pourtant loin de mériter cette réputation humiliante que, dans les temps anciens, quelques corps de la Maison du Roi se faisoient un honneur d'avoir acquise par leur libertinage et leur inconduite. En général, ils fréquentent la bonne compagnie, vont dans le monde, dans les bals, sont reçus dans les sociétés les plus distinguées de Paris; et, plus ou moins riches, presque tous jouissent d'une certaine aisance.

Tout à coup, parmi ces jeunes gens, on va mettre des hommes qui diffèrent d'eux par leurs mœurs, par leurs habitudes, par leur éducation, par leur fortune et souvent par leur âge. Que doit-il nécessairement arriver? C'est que, lorsqu'on ne se convient sous aucun rapport, on ne se lie point ensemble; dès-lors, les anciens gardes vivront entr'eux, ils laisseront les nouveaux livrés à eux-mêmes; et, dans la même compagnie, on aura deux corps différens. Alors, les éternels ennemis de notre repos, ces hommes acharnés contre le trône, et qui cherchent tous les moyens de lui nuire et de diviser les serviteurs du Roi, feront recevoir des gens qui leur seront dévoués. Un seul qui entrera dans une compagnie, ce qui lui sera facile, pourra en faire admettre un plus grand nombre; dès-lors, ils se mêleront parmi les nouveaux arrivés et tâcheront de les animer contre les anciens gardes.

« C'est parce que nous ne sommes point no-
» bles, leur diront-ils, qu'on nous délaisse, qu'on
» nous méprise ainsi; on a l'air de nous faire
» un crime d'avoir versé notre sang pour la pa-
» trie; c'est parce que nous avons servi sous des
» couleurs et des bannières différentes, que l'on
» croit que nous sommes les ennemis du Roi. »
Par mille autres insinuations perfides, ils tâcheront d'irriter leur amour-propre, d'ébranler leur fidélité : la division augmentera encore (1); la

---

(1) Une dernière disposition de MM. les capitaines des gardes me paroît devoir faire empirer cet état de choses. Au-

haine et l'esprit de parti pourront occasionner les rixes les plus sanglantes; et à mesure que les

---

trefois chaque escadron étoit divisé en deux brigades. Le service se nommant dans chacune par ancienneté, la fin de la première se trouvoit liée avec la tête de l'autre, et *vice versâ*. Par ce moyen, les anciens d'une brigade étoient de service dans la même salle avec les nouveaux de l'autre : ce qui étoit très-avantageux ; parce que les derniers arrivés se lioient avec les anciens, prenoient l'esprit du corps et l'habitude du service. Maintenant, sous le prétexte frivole qu'on veut mettre le corps en harmonie avec ceux de l'armée, comme si c'étoit bien nécessaire, on a pris la détermination de ne former qu'un seul rang d'ancienneté pour tout l'escadron. Cet ordre a déjà été exécuté sur les contrôles par l'inspecteur aux revues: à la vérité, on ne l'a pas mis encore en exécution pour le service, et il se commande comme par le passé ; mais il paroît certain que les compagnies qui vont nous relever, au mois de mai, suivront le nouvel ordre. Par ce moyen, le plus souvent tous les anciens se trouveront dans une salle, et tous les nouveaux dans l'autre : quelquefois les vingt derniers arrivés occuperont un poste à eux seuls. Chacun peut prévoir, comme moi, les inconvéniens qui pourront en résulter.

Je me permettrai de faire observer aux membres du conseil général du corps, que l'ordonnance de 1815 a fort sagement divisé les escadrons en deux brigades ; que celle du 30 décembre 1818 dit, en marge du tableau qui suit l'article 4, *quatre brigades représentant deux escadrons*; que celle du 28 avril 1819, art. 5, se sert des termes de *lieutenant et sous-lieutenant des brigades*. Qu'ainsi, malgré que les attributions du conseil général soit de régler tout ce qui concerne l'ensemble et l'uniformité de toutes les parties du service et de anciens gardes se retireront, la force de l'autre parti augmentant, je ne serois point étonné que, dans quelques années, l'esprit de dévouement qui anime les gardes, ne fût entièrement changé, et que, destinés à veiller à la sûreté du Monarque, ils ne fussent les premiers à donner le signal de sa perte. Ce corps sera d'autant plus dangereux, que personne ne s'en occupe, que personne ne le considère dans sa marche; et que, s'élevant paisiblement à l'abri du trône, il finira par l'écraser.

La France a été saisie d'indignation et d'étonnement en apprenant que même un garde-du-corps pouvoit être soupçonné d'avoir voulu attenter à la vie de son Roi (1). Je ne préjuge rien sur une grande question qui va bientôt être jugée; le glaive de la justice est suspendu sur la tête

---

l'administration, cependant je ne pense point qu'il ait le pouvoir de bouleverser l'organisation du corps, et de violer ainsi les dispositions formelles de toutes les ordonnances passées.

(1) J'ai souvent ouï dire à mes camarades : « Si ce garde est coupable, cela fera du tort à notre corps. » Je suis loin de partager cette opinion. Il eût certainement mieux valu que personne n'eût été soupçonné; mais lorsqu'un homme veut conspirer, il cherche à se créer des complices, et puisque parmi deux cents jeunes gens de son âge, il n'en a point trouvé un seul, car on n'en a point découvert, et je ne pense point qu'il y en ait, loin de nuire à un corps, cela fait son éloge.

d'un de nos camarades, je désire qu'il ne soit point coupable; mais si avant d'être arrêté il avoit voulu faire entrer dans sa compagnie les prévenus qui comme lui vont être jugés, cela lui eût été facile, pourvu qu'ils eussent été officiers ou sous-officiers; d'où je conclus : que dans un autre corps un homme mal intentionné peut faire peu de mal, parce qu'il faut qu'il suive l'élan donné par le plus grand nombre, mais que dans celui-ci il est très-dangereux, non-seulement par lui-même, mais encore par ceux qu'il peut faire admettre; car lorsqu'un garde dit à ses supérieurs : « Voilà un homme que je vous » présente, il est de mes amis, je connais sa » moralité, je réponds de ses sentimens comme » des miens. » On ne peut point exiger des renseignemens plus positifs; c'est donc aux chefs à être sévères dans leur choix, et à n'admettre personne dont ils ne connoissent positivement la fidélité.

Un colonel n'est pas le maître de composer son régiment comme il veut, il faut qu'il accepte les hommes qu'on lui envoie. Il doit les faire surveiller, établir une discipline sévère, tâcher d'en former de bons soldats, et de leur inspirer des sentimens d'honneur et de fidélité par son exemple et par ses discours. Si malgré cela son régiment se conduit mal, il a fait tout ce qui étoit en son pouvoir, on ne peut rien lui reprocher.

Mais la responsabilité d'un capitaine des gardes est bien plus grande, il répond presque personnellement de la conduite des militaires qu'il a sous ses ordres; car c'est lui qui les a choisis. Autrefois les capitaines recevoient dans leurs compagnies des jeunes gens, les présentoient au Roi quand il alloit à la messe, dès ce moment ils étoient gardes-du-corps, et par conséquent officiers, sans que le ministre de la guerre y eût participé en rien. Depuis deux ans ce droit exorbitant a été régularisé sans être restreint. Les capitaines choisissent eux-mêmes les sujets; mais les propositions d'admission, d'avancement, de démission, etc., doivent être soumises au ministre, qui ne peut les rejeter qu'autant qu'elles né seroient point conformes aux lois et ordonnances, et qui en propose l'admission au Roi; mais personne ne peut faire admettre un homme dans une compagnie sans l'assentiment du capitaine. Pensent-ils que c'est pour leur accorder une faveur personnelle qu'on leur a donné ce droit que n'a pas un maréchal de France, pas même un Prince du sang? non : s'ils le croient, ils sont dans l'erreur.

Les rois de France, en leur accordant ce pouvoir, leur ont dit tacitement : « C'est à vous que nous
» confions la garde de notre personne; vous allez
» veiller à notre sûreté, non-seulement par vous-
» mêmes, mais encore par le corps que nous

» soumettons à vos ordres. Ce corps, vous le » composerez comme vous voudrez; nous vous » laissons le choix des sujets que vous désirerez » d'y admettre; mais aussi vous serez respon- » sables de tout ce qu'il pourra faire. »

Cependant, je n'entends point parler d'une responsabilité absolue, mais seulement de celle que l'on peut raisonnablement exiger. Tel homme a pu cacher, sous les dehors de la vertu, une ame criminelle; celui qui a toujours suivi les préceptes de l'honneur peut les abandonner et devenir coupable : on ne peut point rendre un supérieur responsable de ces imperfections humaines.

Dans l'impossibilité où l'on est donc de pouvoir lire dans le cœur, on doit, je crois, employer deux moyens pour juger quelle sera la moralité d'un homme. D'abord interroger ses actions passées, qui doivent servir de garant pour sa conduite à venir.

Ensuite, voir quel est l'état de sa famille; car, malgré que les fils diffèrent quelquefois de leurs pères, cependant, en général, lorsqu'on a des parens vertueux, qui ont de la considération, qui, de bonne heure, ont gravé dans nos jeunes cœurs des principes de probité et d'honneur, il est rare qu'on n'imite pas leur exemple, et qu'on s'abandonne au crime.

Si messieurs les capitaines des gardes n'emploient pas ces moyens; s'ils reçoivent au hasard, et qu'ils ne choisissent les hommes qu'à la taille; s'ils ne prennent point les renseignemens les plus positifs, je pense qu'ils seront responsables de toutes les fautes que leurs compagnies pourront commettre.

Parce que les gardes ont toujours été dévoués au Souverain, il ne faut pas que l'on s'imagine qu'il suffit de porter ce nom pour l'être: notre habit n'a pas une puissance magique qui puisse changer les hommes. Comme on composera le corps, on le trouvera au jour du danger. Si jusqu'ici ceux qui en ont fait partie ont été fidèles, c'est que, par la manière dont on recrutoit, ils devoient l'être. Des jeunes gens de quinze ans n'ont pas encore des inclinations vicieuses; ils prennent les impressions qu'on leur donne. Lorsque les surnuméraires arrivoient parmi nous, on ne leur disoit jamais directement: vous devez aimer le Roi; ils étoient sensés avoir pris déjà cette résolution. Et elle se gravoit fortement en leur cœur, lorsque, vivant parmi nous, ils entendoient nos discours, et prenoient notre manière de penser.

Mais on a tort de croire qu'un homme d'un âge mûr, qui a son opinion formée avant d'entrer dans le corps, en changera en fréquentant les gardes. S'il n'est point dévoué à son Souverain, il doit nécessairement nous détester; et s'il vient parmi nous, on peut être assuré que c'est dans de mauvaises intentions.

Qu'on soit bien convaincu que si jamais les malveillans viennent à bout d'organiser un complot dans les gardes, et ils feront tout ce qu'ils pourront pour le tenter, les suites en seront terribles! Je l'écris en frémissant, peut-être la dynastie sera éteinte d'un seul coup. On peut arrêter une révolte, même dans la marche de son exécution, lorsqu'il faut, pour arriver jusqu'au Souverain, franchir des barrières, forcer des postes, assiéger un palais; mais que pourra-t-on opposer à des gens qui, pour premier signal d'exécution, commenceront par entourer, attaquer, frapper les têtes royales, avant même qu'aucun bruit se soit fait entendre!

« Mais quoi, dira-t-on, pouvez-vous supposer » que ceux qui ont reçu de leur Roi la faveur » d'être admis dans sa Maison, qui vont même » dans son palais faire leur serment de fidélité, » qui, tous les jours, voient son auguste per- » sonne, et sont comblés de ses bienfaits, par » un excès d'ingratitude puissent le trahir; qu'ils » oblient leurs sermens, qu'ils sacrifient leur hon- » neur, et qu'ils consentent à être les vils ins- » trumens dont on se servira pour renverser le » trône et bouleverser la patrie? »

Pas tant de phrases, pas tant de grands mots, considérons les hommes tels qu'ils sont, et non tels qu'ils devroient être; et vingt-cinq ans de crimes et de malheurs, des Souverains mourant sur l'échafaut, des Princes sous le poignard des assassins, des conspirations étouffées et sans cesse renaissantes, devroient assez nous avoir appris que, pour quelques hommes, la patrie et l'honneur sont bien peu de chose mis en balance avec leurs intérêts.

CHAPITRE VIII.

Vices du Recrutement par Sous-officiers, sous le rapport des dépenses que les Gardes sont obligés de faire.

Lorsque l'ordonnance pour le recrutement des gardes fut rendue, un colonel dit à ses sous-officiers assemblés : « Eh bien! mes amis, vous » voilà bien contens maintenant, vous pouvez » entrer dans la Maison du Roi! » — « Mais, mon » colonel, répondit un vieux sous-officier, qui » nous donnera les moyens de nous y entrete- » nir? » Cet homme avoit beaucoup de bon sens, et faisoit une réponse très-judicieuse. Il est malheureux que tous ses camarades ne pensent pas comme lui; ils devroient être convaincus qu'il leur est impossible, s'ils n'ont pas de fortune, de se soutenir dans ce corps; et que, séduits par l'espoir de l'avancement, ils courent à la perte certaine de leur état.

Un des traits distinctifs du caractère de nos hommes d'Etat, est de rêver des généralités, d'enfanter des systèmes, et de ne vouloir jamais descendre dans les détails de leur exécution. Si ceux qui, en faisant rendre l'ordonnance du 30 décembre 1818, ont fait supprimer la pension de 600 fr. qu'on exigeoit qu'eussent les gardes, s'étoient donné la peine d'entrer dans le détail des dépenses qu'on est forcé à faire dans le corps, ils auroient appris que cette pension étoit indispensable, et plutôt moindre que trop forte.

Maintenant on ne l'exige plus; mais comment veut-on que des hommes qui sont toujours à Paris ou dans les environs, qui sont obligés de tenir leur rang d'officiers, puissent vivre avec 83 fr. par mois? La chose est impossible. Je vais rendre cette vérité plus sensible, et fournir des preuves irrécusables. Comme mon but est d'être utile, de convaincre et non de plaire, je prie mes lecteurs d'excuser les détails ennuyeux dans lesquels je vais entrer.

Lorsqu'un sous-officier est reçu dans les gardes, la compagnie lui donne un habillement militaire; mais outre celui-là, il est obligé de s'en fournir un second, qui lui est indispensablement nécessaire, et qui lui est ordonné par les règlemens. Pour cela, il reçoit du ministre de la guerre une indemnité de 350 fr.; mais son équipement lui coûte 7 ou 800 fr. (1) : il contracte donc une dette d'environ 400 fr. Comment fera-t-il pour la payer? Lui fera-t-on une retenue sur ses ap-

---

(1) Voici les détails de l'emploi de cette somme, le tout mis au plus bas prix :

Habit uniforme..............	90 fr.
Epaulettes et aiguillettes......	110
Epée......................	20
Chapeau uniforme...........	45
Pantalon bleu...............	45
Idem blanc.................	35
Deux pantalons blancs d'été....	36
Un bonnet de police..........	36
Une paire de bottes à l'écuyère.	45
Une paire de petites bottes.....	40
Pour s'habiller en bourgeois.	
Une redingote...............	100
Un habit..................	110
Un chapeau rond.............	20
Deux gilets.................	30
Un pantalon large............	40
TOTAL..........	802 fr.

Je n'ai point compris dans cette énumération l'achat des gants, cols uniformes, cravates et linge de corps, dont un sous-officier n'est pas ordinairement pourvu ; ni les frais de son voyage s'il vient de loin.

pointemens ? Je vais prouver tout à l'heure qu'ils ne peuvent point suffire à son entretien. Je suppose enfin qu'il a quelques ressources pécuniaires, quoiqu'on n'exige aucune pension, et que ses parens, faisant quelques sacrifices, ce qui n'est point facile à des gens du peuple, il acquitte ce qu'il doit ; je suppose qu'il est au courant de ses affaires, qu'il est entièrement équipé, qu'il ne doit rien ; voyons comment il va faire pour vivre avec ses appointemens : il reçoit par mois 83 fr., sur laquelle somme on lui retient 6 fr. pour la musique, pour l'abonnement au spectacle, etc., reste 77 fr. En vivant le plus économiquement possible, il est obligé de dépenser :

Pour sa nourriture..................	40 fr.
Pour l'entretien de ses habits uniformes et pour l'entretien et le renouvellement de ses habits bourgeois.......	25
Pour son blanchissage..............	5
Pour le palfrenier qui cire ses bottes et fait sa chambre..................	8
TOTAL........	78 fr.

Voilà déjà ses 77 fr. plus qu'absorbés, et je n'énumère pas beaucoup d'autres dépenses, telles que celles pour bois, chandelles, et pour mille autres choses qui sont indispensables, dont le détail pourroit faire sourire; mais qui enfin coûtent de l'argent. Il me suffit d'avoir prouvé que ses dépenses indispensables surpassent ses appointemens : il sera donc nécessairement forcé de faire des dettes. Un militaire ne peut pas vivre à Paris comme un prisonnier entre quatre murs; il se procurera quelques plaisirs ; il fera des dépenses , qu'il ne paiera point. Peu nombreuses le premier mois, ses dettes augmenteront au second, et enfin devenues exorbitantes , il lui sera impossible de les acquitter.

Le tableau que je viens de tracer ne paroîtra point porté assez haut aux yeux des gardes, qui savent par eux-mêmes qu'ils dépensent habituellement davantage. Si quelqu'un pouvoit croire qu'il est exagéré, qu'il consulte des gardes-du-corps : tous répondront qu'ils n'ont jamais connu personne qui ait dépensé moins de 7 à 800 francs pour son premier équipement, et qui ait pu vivre avec ses seuls appointemens. Ceux même qui ont 600 fr. de pension, et qui n'ont jamais fait de dettes, passent pour être très-rangés : ils sont peu nombreux ; les parens doivent le savoir. Aussi je n'ai point parlé de la dépense d'un garde, d'après celle que nous faisons habituellement ; mais bien d'après la manière que je suppose pouvoir être, pour l'avenir, la plus économique possible. Je n'ai jamais connu de garde qui se nourrît pour 40 fr. par mois (1), et qui n'en dépensât que 25 pour son entretien.

---

(1) J'ai mis la pension à 40 fr.; mais je ne sais pas moi-même comment, à Paris, le garde pourra se nourrir avec cette somme. Quelqu'un trouveroit-il que c'est trop? je ne le pense pas. Cependant pour prouver les choses jusqu'à l'évidence, et ne laisser nul doute, je vais entrer dans quelques détails : 40 fr. à dépenser par mois, font par jour 26 s. 8 d. Je suppose que pour vivre plus économiquement, les nouveaux gardes se mettent douze ensemble, et qu'ils prennent une cuisinière. Douze personnes réunies, faisant deux repas, consomment au moins 12 livres de viande, 20 livres de pain, 12 bouteilles de vin. Ainsi pour chacun une livre de viande, deuxième qualité, 12 s.; une livre et demie de pain, 6 s.; une bouteille de vin, dernière qualité, 10 s. Total, 28 s.; plus par mois, pour gages de la cuisinière et pour fourniture de table, linge, couverts, batterie de cuisine, 45 fr.; plus pour bois et charbon, 30 fr.; plus, pour haricots, pommes de terre et autres légumes, 15 fr. Ces diverses sommes réunies font 90 francs, et par jour pour chacun, 5 s.; qui ajoutés avec les 28 s., font déjà 33 s., au lieu de 26 s. 8 d. qu'il avoit à dépenser.

Trouve-t-on que c'est trop d'une bouteille de vin pour un vieux soldat? Je passerai par tous les accommodemens possibles. Mettons-le à la demi-ration, ce sera 5 s. de moins; reste encore 28 s. au lieu de 26 s. 8 d. Et j'ai oublié de parler de l'achat de la graisse, de l'huile, du beurre, etc. En vérité, tous ces détails font apercervoir qu'on fait à Paris bien maigre chère, lorsqu'on n'a que 26 s. 8 d. à dépenser par jour.

Les pensions ordinaires des gardes leur coûtent de 55 à 60 fr. à la garnison, et de 60 à 70 fr. à Paris.

Peut-être quelqu'un me dira qu'il a connu des gardes ayant moins de 600 fr., et s'entretenant dans le corps : en général ils sont peu nombreux; mais moi-même j'en connois quelques-uns qui n'ont pas de pension de chez eux, et qui vivent d'une manière sage et économique, qui les fait estimer de tout le monde; la chose est toute simple. Leurs parens, la plupart, victimes des malheurs de la révolution, ont cependant fait un sacrifice pour les faire entrer et pour fournir aux premiers frais. Le Roi accordant 10,000 francs à chaque compagnie pour venir au secours de ceux qui en ont le plus de besoin, les chefs qui connoissent leur position, leur donnent des indemnités prises sur les fonds destinés à cet usage. Mais cette somme de 10,000 fr., qui suffit pour soutenir le petit nombre de ceux qui n'ont pas de fortune, ne sera qu'un secours illusoire lorsque s'appliquant à beaucoup de monde, ce ne sera presque rien pour chacun.

Je voudrois connoître toutes les objections qu'on pourroit me faire, afin de pouvoir y répondre. M'observera-t-on que tous les jours des sous-officiers passent officiers dans la ligne, et qu'ils s'y entretiennent? Je le sais; mais il y a une grande différence avec les gardes. Un sous-officier devient officier dans son corps. Les effets qu'il a il les fait arranger, et plusieurs peuvent lui resservir pour son usage journalier. Il achète aux officiers qui se retirent, ce qui lui manque, comme casque, épée, épaulettes, etc.; dans la cavalerie, l'harnachement du cheval: tout cela lui coûte fort peu; et l'indemnité qu'on lui donne, lui suffit pour s'équiper. Les autres officiers ne trouvent point étonnant qu'il achète ainsi des effets de rencontre; au contraire, ils savent qu'il n'a pas de fortune, et trouveroient étonnant qu'il fit de la dépense; il est presque forcé d'être économe malgré lui.

Au contraire, le sous-officier qui entre dans les gardes arrive dans un corps étranger, où il est inconnu; il voit faire les autres et veut les imiter; c'est souvent parce qu'il est pauvre qu'il fait de la dépense, pour faire croire le contraire; il se fait illusion sur le poste qu'il va occuper, se crée des ressources chimériques; son amour-propre l'aveugle, et l'entraîne à sa perte.

Quant à la possibilité de vivre avec ses appointemens, je sais qu'un sous-lieutenant, n'importe où il se trouve, n'est guère à son aise quand il n'a que sa solde : cependant il lui est bien plus facile de s'entretenir qu'à un garde, il est mieux payé : dans l'infanterie, il a 200 fr. de plus; dans la cavalerie, 300 ou 400 fr., je ne le sais pas au juste. S'il se trouve à Paris, il a le tiers en sus de la solde, ce que n'ont point les gardes; s'il est en province, les denrées se vendent fort peu, il vit à bon marché; il a ensuite moins d'occasions de dépenser, et n'a que son habit uniforme à entretenir; le garde-du-corps doit avoir à Paris une tenue bourgeoise. Peut-être quelqu'un me dira : à quoi bon cette dépense? Son uniforme ne peut-il lui suffire? Rougiroit-il de le porter? Les personnes qui connoissent le corps ne feroient point cette demande, elles sauroient que les officiers à Paris, ne vont jamais dans les lieux publics en uniforme, et les gardes moins que tous autres. Cet usage est très-bien établi. Une épaulette ne doit point être compromise, et ne doit point être vue dans les endroits que fréquente habituellement la jeunesse. Aussi jamais un garde-du-corps en uniforme ne va au Palais-Royal, ni dans ces cafés, ni dans ces danses où se réunissent des femmes de mœurs équivoques. Il feroit mieux, dira-t-on, de ne pas y aller du tout. Je ne dis pas le contraire; mais puisque ce sont les rendez-vous des militaires, ne pouvant les empêcher, il vaut mieux qu'ils y aillent inconnus.

Cette mesure établie par les gardes eux-mêmes, a été utile parce qu'elle a fait respecter le corps; maintenant elle devient indispensable. Les sous-officiers qui vont être reçus dans les gardes, conserveront des liaisons avec leurs anciens camarades, leur peu de fortune les rapprochera de leur manière de vivre. Tant qu'ils seront en bourgeois ils fréquenteront qui bon leur semblera, peu nous importe; mais pense-t-on que lorsqu'ils porteront le même uniforme que nous, nous souffrirons qu'ils aillent avec les soldats dans les cabarets et dans les tavernes? Pense-t-on que d'un œil indifférent nous les verrons se promener effrontément avec des filles publiques, ou que nous permettrons qu'ils aillent se vautrer dans les lieux infâmes de la débauche et dans tous les sales repaires du vice? Non, jamais. S'il le faut, nous quitterons le corps; mais tant que nous porterons le même uniforme qu'eux, nous saurons le faire respecter, nous ne permettrons point qu'on l'avilisse.

Cependant il faut que ces pauvres gens soutiennent leur existence, et s'ils n'ont pas assez de fortune pour vivre en officiers, comme je l'ai prouvé, il faudra qu'ils vivent en soldats. Seroit-ce donc là le but caché de certains hommes? Fâchés de n'avoir pu faire dissoudre un corps qui leur déplaisoit, auroient-ils cherché à le détruire en l'avilissant? Non, je ne puis le croire, je ne puis le penser, cette action seroit trop lâche.

Un sous-officier n'est point un homme indifférent dans l'Etat, il occupe un poste honorable et qui mérite de l'être; mais il est reçu dans nos mœurs qu'il n'est point sorti de la classe dans laquelle il vivoit lorsqu'il étoit soldat; on ne trouve point étonnant que s'il se retire du service, il reprenne le métier qu'il avoit avant d'être militaire; mais à l'égard d'un officier, c'est différent.

Il tient dans la société un rang distingué, qui n'est plus celui qu'il avoit auparavant. Dans nos usages, la différence pour la considération entre un sous-officier et un officier, est plus grande que celle qui existe entre un sous-lieutenant et un maréchal de France. Chaque fois donc qu'on accorde à un soldat cette faveur éminente, on le fait sortir de la classe dans laquelle il étoit né, pour le faire entrer, pour toute sa vie, dans une classe nouvelle. C'est donc à l'Etat à l'y soutenir, à lui donner les moyens d'y vivre, et non à le faire paroître un instant revêtu d'habits chamarrés d'argent, comme un acteur qui brille pendant quelques heures couvert d'ornemens fastueux, et qui rentre ensuite dans la foule.

CHAPITRE IX.

Suite du même sujet.

Je souffre pour ces malheureux sous-officiers quand je leur entends dire : je vais entrer dans les gardes, j'y resterai quelques années, et puis il sera bien plus avantageux pour moi d'avoir ma retraite comme officier. —Eh! non, infortunés, ce n'est point une retraite que vous allez acquérir ! On vous séduit par une brillante illusion ; dans quelques années vous serez accablés de dettes, vous serez forcés de quitter ignominieusement le service, d'abandonner un corps dans lequel vous étiez entrés avec les plus belles espérances, et le même jour vous enlèvera votre place, et le pain acquis par vingt ans de travaux et de souffrances.

A quoi pense-t-on, n'est-ce pas vouloir faire évidemment le malheur de ces braves gens? S'ils se laissent éblouir par l'espoir de l'avancement et par la vanité de porter une épaulette, ne devroit-on pas avoir du bon sens pour eux, et les empêcher de faire eux-mêmes leur propre malheur ?

Si cette manière de recruter les gardes n'est point modifiée, j'ose prédire que dans quelques années les gardes perdront toute la considération qu'ils ont. Ils seront officiers, parce qu'ils porteront une épaulette; mais ils seront soldats par leur manière de vivre et par leurs sentimens. Si c'est là ce que désirent certains chefs, ils seront satisfaits; mais ils verront aussi que ce n'est point parce qu'ils commandent quelques hommes, qu'ils ont de la considération : à mesure que celle du corps diminuera, la leur suivra la même progression; et ils apprendront, mais trop tard, quel est le rang qu'occupe dans l'Etat un capitaine des gardes, lorsque au lieu d'être chef d'une compagnie de gardes-du-corps, il n'a sous ses ordres que deux cents colosses immobiles revêtus d'habits d'argent.

Je le dis, accablé de tristesse, dans un temps, qui peut-être n'est pas éloigné, les sous-officiers de l'armée qui auront un peu d'élévation d'ame rougiront d'entrer dans notre corps, et l'on verra dans un royaume cette étrange monstruosité, des soldats préférer garder leurs épaulettes de laine, que de devenir officiers français.

Peut-être quelqu'un me dira : « Mais enfin, pas » tant de suppositions hasardées, ne parlez pas » toujours de ce qui doit arriver. Le système de » recrutement que vous attaquez a été mis en » exécution, il a conduit dans votre corps beau- » coup de sous-officiers; sont-ils indignes de cet » honneur? Sont-ce les fautes qu'ils ont com- » mises qui vous font juger de celles qu'on pourra » commettre à l'avenir? »

Il m'est facile de répondre à cette question, qui, au premier abord, pourroit paroître embarrassante. Dans la compagnie dont je fais partie, il y en a seulement une vingtaine : la plupart ont été pris dans la garde, dans ce corps renommé par son dévouement, et il a été facile de faire de bons choix; les autres, venus de la ligne, où il est plus difficile d'avoir des renseignemens positifs, ont été présentés par des parens, des amis faisant partie du corps; mais ce qui a eu lieu pour un petit nombre, ne pourra point se pratiquer lorsqu'il en faudra beaucoup. Quant aux autres compagnies, surtout à l'égard de celle de M. le duc d'Havré, où les sous-officiers sont au nombre de soixante, je ne connois point un seul de ces Messieurs; je ne puis donc savoir ce qui s'y passe. C'est aux chefs qui les commandent à voir si quelques-uns des inconvéniens que j'ai signalés se sont montrés.

Mais, ce que je sais très-bien, c'est que l'ennui, le dégoût, se sont emparés de tous les gardes; que chacun est fatigué, rebuté de son état; que ce n'est que le dévouement que l'on a pour le Roi et pour sa famille, et l'amitié qui unit les gardes, qui font que la plupart continuent le service. Nous restons ici les uns pour les autres, parce que nous nous aimons comme des frères, que nous sommes liés par les mêmes rapports d'âge, de moeurs, de façon de penser; mais si la première impulsion est donnée; si, dans les compagnies, plusieurs gardes se retirent en même temps, les autres suivront leur exemple, les démissions arriveront en foule et en moins de rien, les compagnies seront renouvelées.

Car enfin, pour ne rien cacher, pour faire connoître la vérité tout entière, quel attachement pouvons-nous avoir pour notre corps? Quelle estime pouvons-nous avoir pour le poste que nous occupons, lorsque nous voyons nos palfreniers venir nous dire sérieusement : « Je » m'engage comme soldat, dans deux ans je se- » rai nommé sous-officier, et dans quatre ans, » j'entrerai garde-du-corps. » Nous haussons les épaules, et nous sourions de pitié; mais, pourquoi faire naître ainsi la folie dans la tête de ces pauvres gens? Et cette observation particulière peut devenir générale. Quel est ce système affreux et absurde qui tend à éloigner du service tout ce qui, par sa fortune, occupe un rang distingué dans l'Etat? Qui nourrit et fortifie ce désir universel que chacun a de vouloir sortir de sa classe? Seroit-on assez insensé pour appeler cela de l'émulation? C'est par de pareils moyens que l'on crée dans un Etat des hommes toujours prêts à se lancer dans les révolutions, et à commettre tous les crimes.

La vertu dépend le plus souvent des circonstances et des positions où l'on se trouve. Tel homme eût toujours été vertueux, s'il fût resté dans la classe où il étoit né, qui maintenant porte sa tête sur l'échafaud. Tant qu'on est heureux, il est facile de se persuader qu'on suivra toujours le sentier de l'honneur et de la fidélité; mais quel est celui de nous qui peut répondre de ce qu'il fera, lorsqu'il sera accablé par l'infortune! Cependant on appelle autour du trône des gens qui n'offrent aucune garantie, qui ne peuvent vivre avec leurs appointemens, et qui doivent nécessairement tomber dans un état de détresse et de malheur. Pense-t-on que dans un si grand nombre, il ne s'en trouvera point quelques-uns capables de devenir criminels! Qu'on réfléchisse bien, et que l'on considère un homme dans la position où je vais le placer.

Un garde est accablé de dettes, ses chefs le font appeler et lui présentent cette alternative funeste : acquittez ce que vous devez, ou bien retirez-vous du corps. Voilà cet officier qui ne peut payer ce qu'il doit, qui n'a rien, qui ne possède rien au monde; il va donc être forcé de quitter le poste honorable qu'il a, un instant va tout lui ravir; il se voit sans place, sans fortune, sans moyens de pourvoir à son existence : l'avenir ne s'offre à lui que sous des couleurs effrayantes, de tous côtés il ne voit que le malheur et l'infortune.

Tout à coup un factieux se présente, étale à ses yeux toutes les séductions de la fortune, le séduit encore par des paroles trompeuses, lui parle même d'honneur et de patrie, lui rappelle la reconnoissance qu'il doit à celui qui jadis le guidoit à la victoire; et, sous un gouvernement nouveau, lui promet de l'or, des places, des dignités.

Qu'on me réponde de bonne foi: que pense-t-on que fera cet homme?

Aucun lien ne l'attache au monde; il n'a plus rien à perdre, rien à sacrifier : on lui offre d'un autre côté des honneurs, des richesses, tout ce qui plaît aux hommes. On le séduit par des promesses trompeuses; il va s'abandonner au crime, se créer des complices, devenir l'instrument des passions des autres.......; et peut-être, égaré, furieux, d'une main parricide il va saisir le couteau de Louvel !

Et quand nous songeons que c'est dans le corps dont nous faisons partie, que se commettront de pareilles horreurs, cette idée nous désole, nous plonge dans le désespoir. Il faut que nous soyons bien convaincus des malheurs qui nous arriveront, et que le corps finira par se déshonorer, puisque, s'il paroissoit une ordonnance qui nous licencieroit, qui nous priveroit de notre grade, de notre avancement militaire, elle seroit reçue par les gardes avec transport, avec enthousiasme.

Oui, c'est ce que nous demandons, c'est l'objet de tous nos vœux, de tous nos désirs; qu'on nous licencie, qu'on nous renvoie, si l'on ne veut point apporter remède au mal. La sûreté du Roi l'exige, l'honneur du corps le réclame; du moins nous conserverons un titre honorable, et nous n'aurons point à rougir, lorsqu'un jour nous dirons à nos enfans : « J'ai servi dans la Maison du Roi. »

CHAPITRE X.

Projet d'un nouveau mode de Recrutement.

Je viens d'émettre le vœu de voir licencier les gardes; mais cette mesure seroit-elle utile au Monarque? Je crois avoir prouvé que si l'on continue à mettre à exécution notre mode de recrutement, elle est absolument nécessaire : d'un autre côté, j'ai démontré au commencement de cet ouvrage leur utilité, et je pense de bonne foi, que tant qu'ils auront les sentimens de fidélité qui les animent dans ce moment-ci, ils seront d'une grande nécessité, et que maintenant plus que jamais ils sont indispensables au Souverain.

Lorsque le crime enhardi par l'impunité, tous les jours redouble d'audace; quand il a percé le cœur d'un Prince bien-aimé, et que dans sa rage infernale il a cherché à détruire les restes précieux de ce Prince, jusque dans le sein même de son épouse; qu'il a menacé de porter sa fureur dans le palais, et d'égorger d'un seul coup le Roi et sa famille; quand enfin tenant toujours son poignard levé, il semble dire : « J'at-

» tends le moment favorable pour frapper. » Est-ce alors qu'on doit renvoyer un corps qui se précipitera au-devant de ses coups, et qui sera toujours prêt à résister à ses efforts? Non, on ne doit point le faire, cette mesure seroit impolitique et funeste. Le seul moyen raisonnable qu'on ait donc à prendre, est de ne pas continuer un mode de recrutement vicieux.

Peut-être quelques personnes vont croire qu'agissant en jeune homme qui ne connoît point d'obstacles, et qui bouleverse tout pour arriver à son but, je vais de suite proposer le changement de la loi du recrutement. Je n'examinerai point cette loi, ni si l'on a eu tort de la donner, ni si l'on auroit raison de la modifier; maintenant qu'elle a été mise en exécution, cela n'est point de mon sujet. Trop jeune pour pouvoir par moi-même juger une pareille loi et la considérer dans tout son ensemble, pour savoir si elle a fait plus de bien que de mal dans l'armée; s'il m'avoit fallu en demander l'abolition pour apporter remède au mal que j'ai signalé, j'aurois mûrement réfléchi avant d'oser proposer un moyen si violent; mais loin d'en demander le changement, je me fâche de ce qu'en recrutant les gardes, on ne suit pas son esprit. La loi dit: « Le tiers des sous-lieutenances de » l'armée, sera donné aux sous-officiers. » Pourquoi faisant une exception seulement pour notre corps, au lieu d'en donner le tiers, les donne-t-on toutes? est-ce l'ordonnance qui a mis en vigueur notre nouveau système de recrutement, qui a ordonné cette exception? Non certainement; si on l'a pensé on a eu tort, et on l'a mal comprise. A la vérité elle ne fixe pas le nombre précis que les sous-officiers doivent fournir; mais elle est bien loin de dire qu'ils auront toutes les places. La discussion jettera du jour sur ce que je dis, je vais examiner cette ordonnance. L'article 5 est ainsi conçu : « Les gardes-du-corps » de troisième classe seront choisis parmi les » élèves des écoles spéciales militaires, et les » sous-officiers de notre garde royale et de la » ligne ayant les conditions voulues par la loi » du 10 mars 1818 » (c'est-à-dire, deux ans de grade).

Pour bien comprendre dans son entier l'idée du législateur, lorsqu'il a rédigé cet article, examinons le 27e de la même ordonnance. Il dit : « Dans le cas où le mode de recrutement dé- » terminé par l'article 5 *seroit insuffisant* pour » tenir au complet les compagnies de nos gardes- » du-corps, les vacances de la troisième classe » pourront être remplies par les lieutenans et » sous-lieutenans de l'armée. »

Qu'on fasse attention à l'esprit qui règne dans cet article, et surtout à ces mots *seroit insuffisant*.

L'auteur de l'ordonnance avoit donc cru qu'il seroit possible que tous les sous-officiers de l'armée, et les élèves des écoles militaires ne pussent point suffire pour assurer l'exécution de l'art. 5. Le Roi vouloit donc que le choix fût bien sévère, qu'il fût fait avec bien des soins, puisqu'il avoit pensé que peut-être les sujets choisis parmi tous les sous-officiers de l'armée ne suffiroient point concurremment avec les écoles militaires pour tenir au complet un corps de mille hommes.

On peut donc conclure que tant que MM. les capitaines recruteront leurs compagnies, en recevant seulement des sous-officiers qui n'auront pour eux que deux ans de grade, au lieu d'exécuter la loi et l'ordonnance, ils en violeront évidemment et l'esprit et le texte.

Je sais que la plupart des chefs, je me plais à leur rendre cette justice, blâment la marche que l'on suit, en connoissent les inconvéniens, et préfèreroient voir admettre des jeunes gens; mais enfin les élèves de Saint-Cyr ne veulent pas entrer dans le corps, on ne peut pas les y forcer; cherchons un autre moyen de pourvoir à son recrutement.

Il se présente ici un raisonnement tout simple : l'ordonnance dit que les compagnies seront tenues au complet par les sous-officiers et les élèves des écoles militaires; mais l'école ne fournit point de sujets, donc il en faut en créer une pour les gardes. C'est par ce moyen seul qu'on assurera l'exécution de l'ordonnance, et que l'on sauvera le corps.

Mais le Roi peut-il créer une école militaire sans violer la loi? C'est l'objection qui m'a été faite par quelques personnes. Il n'y a nul doute que ce droit appartient à la prérogative royale, et la loi du recrutement n'y a porté nulle atteinte. Le deuxième paragraphe de l'article 27 dit: « Nul » ne pourra être officier, s'il n'a servi pendant » deux ans comme sous-officier, ou s'il n'a suivi » pendant le même temps les cours et exercices » des écoles militaires, et satisfait aux examens » desdites écoles. »

La loi ne dit pas les *écoles actuellement existantes ;* elle ne le dit pas, parce qu'elle ne pouvoit pas le dire; parce que le ministre n'a point voulu et n'auroit point osé le proposer; parce que les Chambres n'auroient pu l'accepter sans attenter à la prérogative royale. Qui ne voit en effet que, si nous avions une guerre cruelle, le nombre de 300 élèves que renferme Saint-Cyr ne pourroit suffire à remplir les places vacantes, et que le Roi auroit évidemment le droit d'augmenter l'école ou d'en créer de nouvelles. Sans cela, S. M. seroit forcée de prendre presque tous les officiers parmi les sous-officiers; et au lieu du tiers qui est accordé à cette classe, elle les fourniroit presque tous, ce qui enchaîneroit le droit de S. M.

et le rendroit illusoire. Non, ce n'est point, et ce ne peut pas être. Le Roi, à son gré, peut augmenter, diminuer les écoles, en créer de nouvelles ou les dissoudre, suivant que l'exige le besoin de l'Etat.

Saint-Cyr fournit des officiers à tous les corps de l'armée; si maintenant, je suppose, le Roi jugeoit que l'instruction que reçoivent les élèves n'est point suffisante pour former des officiers de cavalerie, nul doute qu'il auroit le droit d'en créer une nouvelle pour cette arme. Le cas est le même pour les gardes. D'après l'ordonnance, l'école de Saint-Cyr doit fournir des officiers à leur corps; elle ne leur en fournit pas, donc il faut en créer une qui puisse leur en donner.

Pour montrer la bonne foi que j'apporte dans cette discussion, je ne dissimulerai pas que l'ordonnance du 2 août 1818, portant règlement pour mettre en exécution la loi du recrutement, dit positivement : « Les gardes-du-corps sous-
» lieutenans seront choisis parmi les élèves des
» écoles spéciales *instituées par notre ordonnance*
» *du* 31 *décembre* 1817, soit parmi les sous-offi-
» ciers, etc. » Ici les écoles sont désignées d'une manière positive. L'ordonnance du 30 décembre 1818, qui est celle qui nous régit, ne s'exprime pas ainsi, elle dit simplement : *Les écoles spéciales militaires*, sans les désigner; mais en sup-

posant que l'intention ait été de conserver le premier sens, ce dont on pourroit douter, toujours est-il vrai que ce n'est pas la disposition d'une loi, mais seulement d'une ordonnance; c'est-à-dire, l'expression de la volonté du Souverain, qui peut être changée par une ordonnance nouvelle.

On croyoit alors que les écoles fourniroient des sujets, on voit maintenant que ce n'est pas; et une ordonnance qui porteroit pour considérant : « Nous étant convaincus que les écoles ac» tuellement existantes ne suffisent pas pour as» surer l'exécution de l'art. 5 de notre ordon» nance du 30 décembre 1818, nous avons or» donné, etc., etc., » contrediroit par le fait les ordonnances passées; mais seroit conforme à leur esprit, et au texte de la loi du recrutement.

J'ai souvent entendu proposer de créer dans les gardes un corps de soldats où l'on admettroit des jeunes gens ayant de la fortune, auxquels on donneroit le grade de sous-officiers au bout de deux ans, et qui, au bout du même temps, passeroient officiers. Cette institution seroit vicieuse. Comment devrions-nous vivre avec ces militaires? Ils seroient soldats, et nous officiers; d'après l'usage et les règlemens militaires, nous ne devrions pas en faire notre société, et cependant leur naissance, leur fortune les rapprocheroient de nous, et ils se croiroient nos égaux, même comme militaires. Nos palfreniers sont aussi soldats, comment se comporteroient-ils à leur égard, quel respect auroient-ils pour eux? Ils seroient détestés du reste de l'armée, et cette institution feroit le plus mauvais effet; elle rappelleroit l'ancienne dénomination de *Cadet*, et feroit craindre qu'une fois rétablie dans un corps, elle ne le fût également dans les autres. On auroit tort de se servir de ce moyen devenu odieux, quand on peut obtenir des résultats plus satisfaisans d'une institution qui sera plus conforme à nos usages et à nos moeurs.

Je vais faire connoître quelques-unes de mes idées sur la manière dont je pense que l'école des gardes devroit être établie.

CHAPITRE XI.

Projet de la formation d'une Ecole militaire pour les Gardes-du-Corps.

Il y a à Saint-Germain un vaste château, ancienne habitation royale. Louis XIV l'abandonna pour s'établir à Versailles; et depuis, aucun de nos Rois ne l'a habité. C'est dans cet édifice qu'étoit, avant la restauration, l'école de cavalerie; je pense que c'est là qu'on devroit établir celle des gardes. Le local est très-convenable pour cet usage, et l'on auroit l'avantage de conserver, dans son entier, un beau monument que l'on dégrade dans ce moment-ci. Ce château est composé de grands appartemens, dont les murs sont dégradés et n'ont point d'ornemens; mais ces salles devroient être conservées, parce qu'elles rappellent toutes de beaux souvenirs et des traits intéressans de notre histoire. Au lieu de cela, on les divise pour en faire de vilaines chambres, de petits cabinets, pour y loger des gardes-du-corps.

On ne sauroit trop s'opposer à ce vandalisme, qui, d'une manière ou de l'autre, cherche à détruire tous les édifices de notre patrie! Si le château de Saint-Germain avoit été vendu, la bande noire s'en seroit emparée; et, dans deux mois, il n'en auroit plus été question. D'une manière indirecte, on le détruit également. Les murs extérieurs, à la vérité, resteront encore debout; mais l'intérieur n'existera plus. Ces appartemens, qu'a habité le plus grand des rois; cette chambre, retraite de Mad. de La Vallière, tout sera impitoyablement morcelé, pour en faire le logement d'un garde. Amis et ennemis, tous se réunissent en France pour détruire les beaux monumens qui nous restent des siècles passés.

Les bâtimens antiques n'inspirent pas à tous les cœurs la même vénération; tout le monde ne se sent pas également ému à leur vue, et beaucoup de personnes n'estiment que ce qui est utile. « A quoi est bon, diront-elles, un vieux » château qui ne sert à rien? On l'emploie uti- » lement, on a raison; vos lamentations seroient » tout au plus bonnes dans un roman. » Si on le veut ainsi, je l'accorde; mais lorsqu'on veut utiliser un objet, on ne doit pas considérer seulement le moment présent, mais encore l'avenir.

Or, il peut arriver que les gardes n'existent pas toujours; des motifs, qu'on ne peut prévoir, pourront faire qu'on les éloignera de Saint-Germain; et alors, quel sera l'emploi de ces chambres et de ces cabinets? De quelle utilité sera ce château? En fera-t-on une caserne? maintenant il seroit propre à cela. On pourroit y loger sept ou huit cent soldats, et peut-être davantage; mais qu'on laisse travailler pendant un an le corps du génie attaché aux gardes, et je réponds qu'il sera bien difficile d'y faire entrer deux cents hommes. Ainsi donc, ce qui est utile pour le présent, sera nuisible pour l'avenir.

Si l'on établissoit une école dans ce château, il pourroit rester tel qu'il est; ces grandes et vastes salles conviennent parfaitement aux exercices de la jeunesse. A côté se trouve l'ancien manége qui serviroit pour l'école, les gardes conserveroient le nouveau; le parterre fourniroit un bel emplacement pour manœuvrer à pied; tous les avantages se trouveroient réunis; mais qu'on ne s'imagine pas d'y établir une école de cavalerie qui serviroit également aux gardes et à l'armée; car bientôt les idées qui règnent dans celle de Saint-Cyr s'y introduiroient. Il faut une école pour les gardes seuls. Je voudrois même que les chefs fussent choisis parmi les officiers des compagnies, qu'ils conservassent l'uniforme du corps, que les élèves eussent celui des gardes, et que l'épaulette seule établît une différence. Cela auroit le double avantage que, d'abord les élèves prendroient les principes de fidélité qui règnent dans le corps, et se considèreroient comme en faisant partie; ensuite, lorsqu'ils quitteroient l'école, ils seroient pourvus de presque tout ce qui leur seroit nécessaire, et les frais de leur équipement seroient bien moins considérables.

Craindroit-on les dépenses que cela pourroit occasionner à l'Etat? Mais je ne vois pas qu'elles fussent très-fortes : on n'auroit presque point de réparations à faire au château, l'ameublement d'une école militaire n'est point très-dispendieux; ce qui entraîneroit le plus de frais, seroit le manége. On pourroit pourvoir à l'entretien des chevaux d'une manière qui seroit très-économique. Tous les ans, les compagnies en réforment un nombre considérable, qui sont encore très-bons ; mais qui ne peuvent faire notre service. On pourroit les utiliser pour l'école. Pour une autre, cela ne devroit point avoir lieu, parce que les élèves recevroient avec peine le rebut d'un corps étranger; mais comme celle-ci seroit seulement pour les gardes, et que ce seroit toujours le même corps, il n'y auroit aucun inconvénient à le faire. Ces chevaux ne sont plus capables de faire des courses de huit ou dix lieues; mais ils seroient excellens pour cet usage. Tous les ans, à mesure qu'il en arriveroit des compagnies, on vendroit les plus mauvais; par ce moyen, le manége seroit entretenu à peu de frais. Je ne sais point comment on vit dans les écoles, mais il me paroît qu'en exigeant, comme à Saint-Cyr, 1,500 fr. de pension et le trousseau, on pourroit subvenir à toutes les dépenses.

CHAPITRE XII.

Des Avantages que présenteroit cette Ecole.

Quel est le père de famille qui ne préfèreroit envoyer son fils dans cette école, que de le faire entrer, comme autrefois, surnuméraire? A l'âge de seize ans, ce jeune homme, livré à lui-même, abandonné à toute la fougue de ses passions, sans aucune expérience, sans aucun frein, pourroit s'abandonner à tous les excès, et souvent perdroit dans le vice sa santé et sa fortune. Restant dans une école jusqu'à l'âge de dix-huit ou dix-neuf ans, la raison se fortifieroit, et alors on évite bien des fautes, que l'on auroit commises étant plus jeune.

Mais, pour obtenir ce résultat, je ne pense pas que l'on doive, même dans l'intérêt des mœurs, établir, dans une école militaire, cette sévérité qui règne dans quelques-unes. A quoi sert l'étroite captivité dans laquelle on fait languir cette jeunesse? On diroit que ce sont des prisonniers d'Etat mis au secret; à peine leurs parens peuvent les voir. Dans les promenades, des surveillans sévères écartent tous ceux qui voudroient leur parler. En vérité, une pareille contrainte est plus ridicule qu'utile.

Sont-ce des cénobites, des religieux que vous voulez former? cette sévérité est très-convenable; éloignez d'eux tout ce qui pourroit leur rappeler le souvenir d'un monde qu'ils ne doivent plus habiter. Mais loin de là, ce sont des militaires, des gens qui vont rentrer dans la société. Aujourd'hui ils sont captifs, demain ils seront leurs maîtres absolus. Leur âge, loin de fortifier leur raison, n'aura fait qu'accroître la violence de leurs passions; leur éloignement absolu du monde aura rendu leur inexpérience plus grande; leur étroite captivité aura augmenté la force de leurs désirs, et détruit l'horreur du vice, tout leur paroîtra séduisant; ils auront même perdu cette retenue du jeune âge, cette timidité qui souvent arrête la jeunesse sur le penchant de l'abîme, et lui tient lieu de vertu. Alors, livrés à eux-mêmes, au milieu de toutes les séductions de Paris, ils ne pourront courir qu'à une perte assurée.

Les écoles militaires au contraire où les jeunes gens sont tenus avec moins de sévérité, dans lesquelles on leur permet quelquefois de fréquenter un monde qu'ils sont destinés à habiter, ont beaucoup moins d'inconvéniens. Pour ne blesser personne et pour ne parler contre aucune institution existante, je prendrai un exemple dans une époque plus reculée. Que l'on considère pendant les dernières années qui ont précédé la restauration, l'école polytechnique et celle de Saint-Cyr. Dans l'une on verra une jeunesse studieuse, jouissant d'une liberté raisonnable sans en abuser, vivant dans Paris sans en prendre la corruption, et en général ayant d'assez bonnes mœurs; dans l'autre au contraire, des jeunes gens tenus deux ans captifs, rendus tout à coup à la liberté, accourir à Paris, et se plonger dans toutes les horreurs du vice et du libertinage.

Je ne disconviens pas que l'étude des sciences sérieuses et l'habitude du travail ne soient aussi un frein pour les premiers; mais ils sont hommes, et comme les autres tyrannisés par leurs passions; et l'on peut être convaincu, que s'ils avoient été enfermés avec autant de sévérité que les élèves de l'autre école, lorsqu'ils en seroient sortis, leurs mœurs auroient été beaucoup plus mauvaises.

Il en est de la plupart des choses morales comme des physiques, et comme un homme arraché d'un cachot, jeté de suite à la grande clarté du jour est ébloui et perd souvent la vue; de même une jeunesse trop captive, rendue tout à coup à la liberté, est aveuglée par la passion, la raison reste impuissante, et elle s'abandonne à tous les excès imaginables. J'ai connu beaucoup d'élèves de l'ancienne école de Saint-Cyr, et ils m'ont tous avoué que le jour de leur sortie avoit été celui de leur début dans le vice.

Si l'on forme donc une école pour les gardes, qu'on n'y fasse pas régner cette étroite captivité : qu'on y établisse une discipline sévère; mais que sans déranger les heures du travail, on accorde aux élèves une certaine liberté ; elle sera d'autant moins dangereuse à Saint-Germain, que les occasions du vice y étant moins fréquentes que dans une grande ville, les jeunes gens apprendront de bonne heure à être leurs maîtres, et à se conduire par eux-mêmes.

CHAPITRE XIII.

Suite du précédent.

Lorsque le jeune surnuméraire entroit dans les gardes, on n'avoit que de faux renseignemens sur sa conduite passée; on ignoroit ce qu'il deviendroit dans la suite : au contraire, lorsque l'élève sera resté deux ans dans une école, ses chefs auront appris à le connoître, à distinguer ses vices, et si on le trouve indigne d'être officier, on le renverra. Il sera toujours honteux pour lui d'avoir été chassé d'une école; mais dans le monde on est indulgent pour cet âge, et on excuse des fautes qui le plus souvent sont le produit de l'enfantillage. Cette sévérité nécessaire, pourra faire réfléchir un jeune homme, et le faire rentrer dans ses devoirs; mais lorsqu'un surnuméraire se conduisoit mal, et qu'on étoit forcé de le renvoyer, on le dégradoit du rang d'officier et il étoit déshonoré aux yeux de la société.

Lorsque ces jeunes gens entroient dans les gardes, ils abandonnoient leurs études à l'âge où ils auroient pu travailler avec fruit : ils ignoroient alors que dans leurs colléges on ne leur avoit rien appris, mais qu'on avoit seulement jeté dans leur esprit des semences qu'ils devoient faire fructifier par la raison et l'étude. Enchanté à 16 ans d'avoir secoué la poussière de son collége, le surnuméraire pensoit que portant une épée, il ne pouvoit sans honte ouvrir un livre classique. Il se croyoit assez savant, parce qu'il ne savoit rien. Son éducation militaire étoit même vicieuse, parce qu'étant officier, il étoit difficile d'accorder la rigidité que l'on doit apporter dans les premiers détails des manœuvres avec les égards que l'on doit à une épaulette.

Il faudroit que l'école renfermât tous les maîtres propres à achever l'éducation d'un jeune homme; que suivant leurs goûts, les élèves pussent suivre des cours de mathématiques, de physique, de littérature française et latine, d'histoire et de géographie, si nécessaires à un militaire, et de langues modernes qui lui sont indispensables; qu'on leur donnât également des maîtres d'agrémens qui délassent la jeunesse de ses études, et la font rechercher, lorsqu'elle entre dans le monde.

Je voudrois qu'on laissât les jeunes gens suivre leurs goûts, et qu'ils s'occupassent aux objets qui leur plairoient davantage; qu'on les appelât à ces études, non par la crainte des punitions qui, à cet âge, est sans effet; mais en parlant à leur raison, et en excitant leur émulation ; qu'on leur persuadât bien qu'ils ne sont plus des écoliers, mais des militaires; que si l'on étoit obligé d'user de sévérité, on employât des châtimens qui ne les humiliassent point.

On devroit, comme parmi les officiers, établir des arrêts, leur apprendre de bonne heure qu'on ne peut les violer, et les bien convaincre qu'on est persuadé qu'ils quitteront moins leur chambre, y étant sur leur parole d'honneur, que s'ils y eussent été enfermés par les serrures et les verroux. Ce n'est point la rigidité des châtimens qui en fait la force, c'est la manière dont on les emploie, et l'idée qu'on y attache. Un simple registre entre les mains du chef de l'école, où toutes les punitions et les motifs qui les auroient occasionnées seroient inscrits, et dont les extraits seroient envoyés au ministre de la guerre et au chef du corps où entreroit l'élève, feroit plus d'effet sur lui que tous ces cachots infects et malsains, qui ruinent la santé de la jeunesse, et abrutissent son moral.

Je voudrois surtout que les jeunes gens ne fussent jamais punis par caprice, ni par injustice: c'est ce à quoi l'on devroit avoir le plus grand soin dans une école militaire: non-seulement parce que cela indispose l'élève contre son Supérieur, mais encore parce qu'étant destiné à commander à des hommes, on devroit lui apprendre, par l'exemple, que la justice dans les chefs est la première vertu; qu'autant une correction infligée à propos produit un salutaire effet, autant une punition injuste détruit et anéantit la discipline; que ce ne sont point les châtimens mérités qui aigrissent les soldats et les font révolter, et qu'enfin un chef est toujours craint et estimé de ses subordonnés, quand ils peuvent dire de lui : « Il est sévère, mais il est juste. »

Quant à l'éducation militaire qu'on recevroit dans notre école, elle devroit être la même que celle qu'on donne dans les autres. On devroit enseigner aux élèves non-seulement ce qu'ils doivent savoir pour faire le service de garde-du-corps, mais encore tout ce qui est nécessaire pour former un bon officier : car si les capitaines, jaloux de conserver leurs compagnies, font adopter le mode de recrutement que je propose, il faut nécessairement qu'ils obtiennent que tous les ans il passera dans l'armée un certain nombre de gardes.

En étudiant le caractère de la jeunesse, on verra que cette mesure est absolument indispensable. Imbue d'idées excessivement ambitieuses, elle ne se nourrit que d'espérances, et ne vit que dans l'avenir. Mettez un jeune homme dans un poste avantageux; s'il ne voit pas moyen d'en sortir et de pouvoir obtenir mieux dans la suite, ce qui faisoit d'abord son bonheur, va maintenant lui déplaire et lui occasionner du dégoût.

Les capitaines des gardes, depuis quatre ans, ont cru, dans l'intérêt de leurs compagnies, devoir empêcher les gardes de passer dans l'armée. Cette mesure impolitique, leur a fait perdre plus de sujets qu'elle ne leur en a conservés. Lorsque le jeune militaire a vu que tout espoir d'avancement dans l'armée lui étoit ôté, il a jeté les yeux sur le poste qu'il occupoit et sur les espérances qu'il pouvoit raisonnablement concevoir. « Que » suis-je maintenant, s'est-il dit? — Garde-du- » corps. — Que serai-je dans vingt ans? — Garde- » du-corps. — J'aime mieux ne rien être. »

Voilà ce qui a fait que tant de jeunes gens se sont retirés du service. Si au contraire ils avoient vu la possibilité d'obtenir ce qu'ils souhaitoient; si seulement ils avoient eu de quoi nourrir leurs désirs, beaucoup seroient restés. Et cinq ou six par compagnie, qui seroient passés tous les ans dans l'armée, en auroient fait demeurer un bien plus grand nombre. Ce n'est pas que les officiers subalternes soient plus heureux dans les régimens que ne sont les gardes. Si l'on pesoit bien les avantages des uns et des autres, peut-être la balance pencheroit pour nous. Mais on souhaite toujours ce qu'on n'a pas, et il suffit qu'on ne puisse pas l'obtenir, pour qu'on le désire avec plus d'ardeur.

Qu'on regarde les hommes comme des enfans: en vain notre orgueil voudroit nous relever, nous ne sommes pas davantage, et nos souhaits sont aussi insensés que les leurs. Ils trépignent, se désespèrent pour obtenir ce jouet, objet de leurs désirs; ils le possèdent, ils sont satisfaits; ils l'oublient pour en demander un nouveau.

De même, ce que nous possédons ne fait point notre bonheur. Que ceux qui gouvernent n'oublient jamais que la possession ne satisfait point l'homme; que le moyen de se l'attacher n'est pas de satisfaire entièrement ses désirs, mais de les nourrir avec adresse; et qu'il ne suffit pas de lui accorder des faveurs, qu'il faut encore lui laisser entrevoir la possibilité d'en obtenir de plus grandes.

CHAPITRE XIV.

Des Résultats qu'auroit pour le Corps l'Ecole proposée.

Les pensées de la jeunesse du siècle passé ne sont plus les nôtres. Tourmentés par des idées vagues, que nous ne saurions définir, le calme et le repos, au lieu de faire notre bonheur, nous désespèrent. La certitude de passer les premières années de notre jeunesse dans la maison de nos pères, au sein d'une famille adorée, loin de nous présenter la félicité, ne nous offre que la tristesse et l'ennui. Nous voulons nous éloigner de la terre natale, voir le monde, connoître Paris. Insensés ! quelles chimères nous égarent ! et qu'aurons-nous gagné à vivre dans ce monde corrompu ? Nous y aurons dissipé notre fortune, perdu notre vertu, ruiné notre santé ; et devenus malheureux pour le reste de nos jours, nous aurons appris, en voyant le luxe et le faste des richesses, à mépriser des objets qui auparavant auroient pu faire notre bonheur !

Mais enfin, puisque la sagesse dans l'autorité n'est pas de détruire les idées généralement établies, ce qui est impossible, mais seulement de leur donner une bonne direction, je pense que la formation de la Maison du Roi, sur les bases que j'ai établies, est le meilleur moyen d'employer utilement les jeunes gens. Qu'on jette les yeux sur nos provinces, on y verra une jeunesse inquiète et agitée que son repos désespère ; qu'on lui ouvre l'entrée de la Maison du Roi, elle y accourra en foule ; et il sera bien plus avantageux pour un jeune homme d'être à Paris attaché à un corps, d'avoir une occupation, que d'être livré à lui-même. C'est là qu'à la place des doctrines pernicieuses qu'on prêche à la jeunesse, et dont elle nourrit son oisiveté, elle apprendra à révérer son Roi et à le servir fidèlement : soit que dans la suite ces jeunes gens soient appelés dans l'armée, ou qu'ils rentrent dans leur famille, le Souverain trouvera toujours en eux des serviteurs dévoués.

Dans le mode de recrutement par sous-officiers, ce qui séduit les chefs, c'est l'idée d'avoir dans les compagnies une discipline plus sévère, et plus de fixité dans le corps, en évitant les mutations continuelles qui ont lieu.

Je crois qu'ils calculent très-mal. L'expérience pourra leur apprendre que ce ne sont pas les vieux militaires qui sont les plus soumis, et que des jeunes gens qui sortiroient d'une école le seroient davantage.

Les personnes qui n'ont jamais vu que des soldats sous les armes pourroient croire que les gardes ne sont pas très-disciplinés ; mais ils devroient considérer que la discipline qui doit régner dans un corps d'officiers ne doit pas être la même que celle d'un corps de soldats. Les chefs doivent savoir que si quelquefois leurs ordres ont fait murmurer, en laissant passer avec adresse les premiers emportemens d'une jeunesse bouillante et qui a le sentiment de ce qu'elle est, par la raison et les motifs d'honneur, ils ont toujours fait des gardes tout ce qu'ils ont voulu. Qu'au contraire, dans quelques occasions fâcheuses, une sévérité employée mal à propos, a compromis l'existence de quelques compagnies.

Quant à la fixité qu'ils pourroient désirer, ils ne l'obtiendront jamais. Il y aura toujours des changemens. Avant la révolution, un jeune homme entroit dans les gardes pour y passer sa vie; cela n'est plus dans notre caractère. On demanderoit maintenant aux gardes s'ils veulent promettre de rester dix ans, tous préfèreroient donner leur démission; et cependant il y en a qui peut-être y resteront plus long-temps. Les sous-officiers qui entreront dans notre corps auront les mêmes idées. Ils seront même plus ennuyés de notre service que des jeunes gens, parce qu'ils sont habitués à commander, à mener une vie active; et qu'à Paris, une fois leur garde passée, n'ayant point assez de fortune pour s'amuser, la plupart d'entre eux ne sachant pas s'occuper par la lecture, leur loisir leur sera à charge. Ils ne soupireront qu'après l'instant où ils pourront rentrer comme officiers dans l'armée.

Les gardes ne peuvent être composés que par des jeunes gens qui voudront passer dans ce corps quelques années de leur jeunesse, dont quelques-uns prenant du goût pour le service, demanderont à passer dans les régimens, et dont les autres, à mesure qu'ils deviendront maîtres de leur fortune, songeront à s'établir et à se retirer dans leur famille. C'est ainsi que, depuis sept ans, le corps s'est à peu près renouvelé trois fois ; mais ce sont ces changemens continuels, qui, au lieu de nuire au corps, lui ont été avantageux. Les gardes ont été disséminés dans toute la France, dans toute l'armée; quoique isolés, tous ont montré les sentimens qu'ils avoient lorsqu'ils étoient parmi nous. « C'est un officier de la Maison du Roi, disoit-on, c'est donc un sujet fidèle. » Alors on a appris à estimer un corps dont tous les membres étoient de si dévoués serviteurs; et la considération dont il jouit seroit bien moins grande, si, depuis 1814, il fût resté toujours composé des mêmes sujets.

Qu'importe que beaucoup de gardes se retirent si l'on peut dignement les remplacer ? un grand nombre s'en ira, d'autres viendront à leur place; tant mieux : ce seront de nouvelles conquêtes faites pour la royauté; et la Maison du Roi deviendra une école de fidélité et de dévouement.

Mais, me dira-t-on, ce ne sera que dans deux ans qu'on pourra avoir des jeunes gens, puisqu'ils doivent auparavant rester pendant tout ce temps à l'école militaire; d'ici à cette époque, les compagnies ne seront-elles pas presque entièrement composées d'anciens sous-officiers? — Il n'y a point de doute que, si le mode de recrutement actuellement en vigueur, continue à être mis à exécution; que les gardes ne voient pas qu'on ait l'intention de le changer, beaucoup se retireront; et que, dans moins de deux ans, les nouveaux arrivés seront en majorité : mais au contraire, si les gardes voient que l'on veuille réellement apporter remède au mal, alors, par esprit de corps, par zèle pour leur Roi, tous se feront un devoir de rester jusqu'au moment où ils verront arriver des sujets dignes de les remplacer.

Ceux qui seront obligés par leurs affaires de donner leur démission, seront en petit nombre, et seront facilement remplacés par des sujets que peut-être Saint-Cyr pourroit fournir, ou choisis avec soin parmi les sous-officiers : car je n'entends point dire qu'on ne doive plus en admettre. Je pense au contraire que, puisque la loi dit que le tiers des places sera donné aux sous-officiers, on doit être esclave de la loi, et exécuter rigoureusement ce qu'elle ordonne. Si l'on établissoit l'école, elle fourniroit assez de sujets pour qu'on ne fût pas forcé de prendre de suite les premiers sous-officiers qui se présenteroient; et, pour leur donner le tiers des emplois, on auroit le temps de choisir ceux qui mériteroient cette faveur par leur conduite, et qui auroient assez de fortune pour se soutenir dans le corps.

Quant à ceux qui y sont déjà, et qui n'ont que leurs appointemens pour vivre, on doit venir à leur secours. On les a fait sortir du rang qu'ils occupoient pour leur en donner un nouveau, ils sont maintenant nos égaux, nos compagnons d'armes; nous demandons pour eux qu'on ne les abandonne pas au sort malheureux qui les attend, et qu'on ne les force pas à regretter le grade inférieur qu'ils avoient auparavant. Plusieurs dévorent déjà leurs larmes en secret, et maudissent le funeste présent qu'on leur a fait. Qu'on tâche donc de connoître ceux qui ont le plus de besoins, qu'on leur accorde des indemnités; le Roi donne des fonds pour cet usage; et, puisqu'on leur a fait présent d'une épaulette, qu'on leur fournisse les moyens de la porter avec honneur.

CHAPITRE XV.

Récapitulation et considérations dernières.

J'ai fait connoître l'utilité des gardes, et la nécessité où l'on étoit de les choisir parmi les classes de la société qui offroient le plus de garanties. Examinant le mode de recrutement mis en vigueur, j'ai fait voir que St.-Cyr ne fournira presque point de sujets, et que toutes les places seront occupés par des sous-officiers; j'ai démontré les inconvéniens qui pourroient en résulter : d'abord, parce que les colonels de l'armée, préférant garder leurs bons militaires, tâcheront de se défaire de tous leurs mauvais sujets; ensuite, parce qu'on ne devoit pas espérer de trouver dans des soldats cette politesse nécessaire à un garde-du-corps et partage d'un homme bien élevé. J'ai osé prédire, sans crainte de me tromper, que les nouveaux arrivans ayant des mœurs et des habitudes différentes des anciens, la division se mettra parmi eux, et que cette division pourra produire les plus fâcheux résultats. J'ai prouvé qu'il étoit impossible à un garde de vivre avec ses appointemens, et que, puisqu'on n'exigeoit point de pension de ceux qu'on alloit recevoir, on les mettroit dans l'impossibilité de tenir leur rang d'officier, et qu'ils tomberoient dans la misère; qu'alors prêtant l'oreille aux séductions de la malveillance, peut-être ils se laisseroient égarer, et qu'accablés par une dure nécessité, ils deviendroient criminels.

Proposant ensuite l'établissement d'une école pour les gardes, j'ai fait voir que ce projet étoit conforme à la loi, et que c'étoit un moyen assuré pour sauver le corps de sa perte; qu'il avoit l'avantage sur l'ancien mode de recrutement par surnuméraires, de ne pas donner l'épaulette à des enfans inexpérimentés; de ne pas nuire à leurs études, de les empêcher d'être livrés à eux-mêmes à l'âge de seize ans; et enfin, de leur donner une meilleure éducation militaire; qu'il étoit préférable au nouveau parce qu'il fourniroit des jeunes gens bien élevés, ayant déjà une existence dans le monde par leur famille et leur fortune, ce qui leur donneroit les moyens de s'entretenir dans le corps; et que l'école enfin, fourniroit des officiers instruits, et des serviteurs dévoués à leur Souverain.

J'ai rempli la tâche que je m'étois imposée. Tout ce que je pensois et que j'ai cru utile à dire, je l'ai exprimé avec vérité, sans me laisser intimider par aucune crainte, ni aucune considération particulière. Si l'on pouvoit lire au fond de mon cœur, on verroit combien est pur le motif qui m'a fait parler, et combien tout ce que j'ai dit est parti de la conviction la plus intime. Maintenant on fera ce qu'on voudra; j'ai signalé le mal, parce que j'ai cru que mon devoir me l'ordonnoit; n'ayant aucun pouvoir pour l'arrêter, je ne puis que seconder de mes vœux l'emploi du remède que je propose, et que je crois utile.

C'est à Messieurs les capitaines des gardes qui approchent directement le Roi, à lui représenter qu'il leur est impossible, avec l'ordonnance actuelle, de pouvoir composer le corps tel qu'il devroit l'être, et d'entourer Sa Majesté de fidèles serviteurs. Le Souverain ne peut pas savoir ce qui se passe dans ses gardes, c'est à eux à le lui faire connoître, à lui laisser entrevoir les malheurs qui arriveront, et à demander un prompt remède.

« Chefs supérieurs, qui occupez un poste si
» honorable, si vous ne le faites point; si vous
» vous endormez dans une sécurité qui vous

» sera fatale, écoutez, malgré la distance qui se » trouve entre nous, ce que je me permets de » vous dire, parce que la force de la vérité » l'emporte sur tout autre considération.

» Vous perdrez le corps que vous comman- » dez; déjà il chancelle, bientôt il ne sera plus.

» Vos aïeux vous l'ont transmis couvert de » gloire; souffririez-vous que dans vos mains il » dégénère, et qu'il se couvre de honte?

» Si vous poursuivez votre mode de recrute- » ment, au lieu d'avoir sous vos ordres des offi- » ciers, vous ne commanderez qu'à des soldats, » qui souvent vous feront rougir d'être leurs » chefs. Dans quelque temps, vous serez fâchés » de ne point avoir fait licencier vos compagnies; » parce qu'il vaut mieux abandonner un corps » et le faire dissoudre avec honneur, que de le » commander lorsqu'il est avili.

» Vous répondez de vos compagnies, et de » tout le mal qu'elles peuvent commettre dans » la suite. Si jamais il arrive un événement mal- » heureux; si une conspiration sanguinaire qui, » l'an passé, a été déjouée, se tramoit de nou- » veau; si les scélérats qui avoient cherché des » complices jusques dans nos rangs, en cher- » choient encore et parvenoient à en rencon- » trer; si le Roi mouroit frappé par ceux qui » auroient dû le défendre, en vain vous pré- » senteriez votre cœur pour recevoir à sa place » le coup mortel; ce sera toujours vous qui serez

» coupables, puisque ce sera vous qui aurez com-
» posé le corps.

» La France vous rendra responsables, et de-
» mandera justice. Les Français éplorés s'écrie-
» ront : C'est sur vous que nous nous reposions
» de la sûreté de notre Roi; nous étions tran-
» quilles en songeant que vous veilliez sur sa
» vie; au lieu de n'appeler autour de son trône
» que de fidèles défenseurs, vous en avez laissé
» approcher des assassins, c'est vous que nous
» accusons; c'est vous qui nous avez privé de notre
» Souverain; c'est vous qui indirectement l'avez
» assassiné !

» Arrêtez donc le mal, apportez-y un prompt
» remède, il en est temps encore. Nous verse-
» rons en vain des larmes, quand ces malheurs
» seront arrivés !.... »

» SIRE,

« Avec la franchise qui doit caractériser un
» militaire, j'ai dit la vérité. D'un côté la lie des
» sous-officiers; de l'autre, ce qu'il y aura de
» pire dans les écoles, voilà ce qui est destiné
» par la suite à former vos gardes. Le corps le
» plus illustre de France, celui qui veille à votre
» sûreté, est-il donc fait pour être composé du
» rebut de l'armée?

» La bienveillance que vous avez toujours eue
» pour vos gardes, prouve assez combien vous

» avez de confiance dans un corps qui vous est » entièrement dévoué. C'est à nous que Votre » Majesté a confié plus particulièrement la garde » de son auguste personne; nous en répondons » à la France entière. La nuit nous veillons dans » votre palais; un simple vestibule sépare vos » gardes de votre appartement : une sentinelle » infidèle peut compromettre votre sûreté ; on » ne sauroit donc trop prendre de précautions » pour bien choisir les hommes destinés à rem- » plir une fonction si importante.

» Il existe, Sire, une vérité terrible que nous » devrions nous taire, nous dissimuler à nous- » mêmes, lors même qu'elle nous tombe sous » les yeux, mais que je suis forcé de rappeler » ici; *votre vie est dans nos mains !* Nous en jurons » par votre nom sacré, jamais elle n'a été plus » en sûreté : tant qu'une goutte de sang coulera » dans nos veines; tant qu'un souffle de vie nous » animera, semblables à ce digne compagnon » placé à Versailles aux appartemens de la Reine, » chacun de nous, si le jour du danger arrive, » s'écriera, comme lui : *Sauvez-vous, je vais » me faire tuer !....*

» Mais tous les jours le nombre de vos gardes » fidèles, et qui vous sont si dévoués, va dimi- » nuer, et tout fait présumer que ceux qui les » remplaceront seront loin de leur ressembler. » Tant que nous serons les plus forts, nous fe- » rons prévaloir les saines doctrines, et nous

» prêcherons l'amour de votre personne et de » votre famille ; mais enfin, quand nous serons » accablés par le nombre de ceux qui auront des » opinions et des sentimens différens des nôtres, » qu'aurons-nous à faire? Rien, que de ne pas » nous rendre complices des fautes qu'ils pour- » ront commettre : nous nous retirerons, et le » corps restera composé de gens qui, peut-être » vils instrumens du crime, vous présenteront » une main parricide plutôt qu'un bras pour » vous défendre.

» Enfin, si le mal est inévitable; si des rai- » sons que je ne puis connoître empêchent d'y » apporter remède; si une fatale destinée nous » entraîne à notre perte; alors, Sire, nous vous » en supplions, renvoyez-nous; détruisez un » corps qui, à l'avenir, vous sera plus funeste » qu'utile. Au milieu des officiers de votre Mai- » son civile, dans vos appartemens gardés à l'ex- » térieur par votre fidèle garde royale, Votre » Majesté sera plus en sûreté qu'entre les mains » de vos gardes-du-corps, de la fidélité desquels » personne, dans quelques années, ne pourra » répondre, si le mode de recrutement actuel » continue à être mis en vigueur.

» Quitter votre service et celui de votre au- » guste famille; ne plus veiller à votre sûreté et » à celle du Prince objet de toutes nos espé- » rances, ce sera pour nous un pénible sacri- » fice! une bien grande douleur! mais nous le

» préferons mille fois, que de voir tomber dans
» l'avilissement, et peut-être dans le crime, le
» corps dont nous faisons partie.

» Sire, ces milliers de Français, qui s'hono-
» rent d'avoir servi dans votre Maison, qui, la
» plupart, vieux compagnons de vos malheurs,
» ont abandonné leur patrie pour partager votre
» exil et vos infortunes; qui, sur une terre
» étrangère, furent les premiers à vous honorer
» comme leur Roi, et à vous rendre les hon-
» neurs dus à votre rang, lorsque la France,
» opprimée par la force, ne pouvoit faire en-
» tendre les accens de son amour, et qui main-
» tenant, d'une voix tremblante, apprennent à
» leurs enfans à révérer votre nom auguste, tous
» ces héros de la fidélité, dis-je, joignent leur
» prière à la mienne. Si les cendres glacées des
» vainqueurs de Fontenoi; si celles des gardes
» égorgés à Versailles ne peuvent se faire en-
» tendre, leur gloire immortelle et les familles
» qu'ils ont illustrées, parlent pour eux, et joi-
» gnent leurs voix aux nôtres; tous ensemble,
» Sire, nous vous supplions de veiller à votre
» sûreté, et de ne pas souffrir que le nom d'of-
» ficiers de votre Maison, qui est pour nous
» un titre d'honneur, devienne un titre de honte
» que nous rougirions de porter! »

F[illegible]

www.ingramcontent.com/pod-product-compliance
Lightning Source LLC
LaVergne TN
LVHW020407230826
846091LV00004B/1188

* 9 7 8 2 0 1 6 1 3 0 3 0 8 *